150

CAMPOS DE GOLF

IMPRESCINDIBLES

150

CAMPOS DE GOLF

IMPRESCINDIBLES

STEFANIE WALDEK

cincotintas

El golf, más que ningún otro deporte, guarda una relación muy estrecha con el entorno, ya que está inextricablemente unido al paisaje. La propia madre naturaleza se la podría considerar el adversario del golfista; sus colinas, la brisa marina y la presión atmosférica desafían a todos los que se enfrentan a ella. Por ello se encuentran campos de golf en algunos de los paisajes más bellos del mundo.

Grandes maestros como Donald Ross, Pete y Alice Dye y Tom Fazio hicieron propia la relación entre el entorno natural y el juego, creando obstáculos quizá no insuperables, pero sí lo bastante desafiantes como para frustrar incluso a los veteranos de este deporte.

Realizar una clasificación de campos de golf es algo subjetivo. Para algunos, lo más importante es el paisaje o las condiciones de los *greens*, mientras que otros dan más importancia al valor histórico. En *150 campos de golf imprescindibles* he reunido una serie de campos de golf, desde los que destacan por su ubicación hasta los considerados tradicionalmente «los mejores campos de golf del mundo».

Espero que los golfistas expertos, los novatos e incluso los no golfistas disfruten de esta colección de excepcionales campos de golf de todo el mundo.

CONTENIDOS

CONTENIDOS

CONTENIDOS

CONTENIDOS

OCEANÍA

01 CHAPELCO GOLF & RESORT

Ruta Nacional, 40, km 2226, CP 8370,
San Martín de los Andes, Neuquén (Argentina)

VISITA IMPRESCINDIBLE
PORQUE

Este fue el primer campo de Jack Nicklaus en América del Sur, y lo diseñó junto con su hijo Jackie.

18 HOYOS
CAMPO PÚBLICO

El golfista Jack Nicklaus, conocido como el Oso Dorado, no pudo elegir un lugar más hermoso para su primer campo en América del Sur. Chapelco Golf & Resort, diseñado por Nicklaus y su hijo Jackie, se encuentra en los Andes patagónicos. El telón de fondo montañoso es realmente impresionante, pero el paisaje es muy variado a lo largo de los 18 hoyos. En algunas zonas está rodeado de llanuras de hierba de la pampa; en otras, de bosque de pinos. Entre uno y otro tipo de terreno hay numerosos lagos y arroyos que aportan un mayor interés al paisaje. Como en muchos diseños de Nicklaus, Chapelco logra un equilibrio justo, al alcanzar un nivel de exigencia considerable sin ser excesivamente frustrante.

02 LLAO LLAO RESORT, GOLF, & SPA

Avenida Ezequiel Bustillo, km 25 (R8401ALN),
Bariloche, Río Negro (Argentina)

VISITA IMPRESCINDIBLE
PORQUE

Se juega en medio del Parque Nacional Nahuel Huapi, un destino increíblemente pintoresco.

18 HOYOS
CAMPO PÚBLICO

Aunque el Llao Llao Resort podría parecer por su entorno un paisaje fantástico de la Tierra Media de J.R.R. Tolkien, en realidad se encuentra en el Parque Nacional Nahuel Huapi, a orillas del lago Nahuel Huapi, con las montañas de Patagonia detrás. Es uno de los lugares más impresionantes para jugar al golf, por lo que merece la pena el largo viaje hasta este remoto destino. Los nueve hoyos originales fueron diseñados por Luther Koontz, mientras que los segundos nueve los añadió en 1994 Emilio Serra.

03 USHUAIA GOLF CLUB

Ruta Nacional, 3, Camino al Parque Nacional Lapataia,
9410 Ushuaia, Tierra del Fuego (Argentina)

VISITA IMPRESCINDIBLE
PORQUE

**Este es el campo de
golf más meridional
del mundo.**

9 HOYOS
CAMPO PÚBLICO

Si tu objetivo es jugar en los campos más extremos del mundo, añade el
Ushuaia Golf Club a tu lista de deseos. Al borde del Parque Nacional de
Tierra del Fuego, en la Patagonia argentina, es el campo de golf más meridional del mundo (salvo los campos improvisados en la Antártida por el
personal de las estaciones de investigación). Sus nueve hoyos, cinco de los
cuales rodean el caudaloso río Pipo, están abiertos durante las estaciones
más cálidas del hemisferio sur –aproximadamente de octubre a mayo–,
aunque los jugadores se ven sometidos a condiciones climáticas bastante
duras: llueve la mitad del año, y soplan vientos fuertes y helados proce-
dentes de la Antártida. Con todo, los golfistas persisten y disfrutan de la
oportunidad de jugar en este campo atípico.

www.ushuaiagolfclub.com.ar

04   GÁVEA GOLF AND COUNTRY CLUB

Estrada da Gávea, 800, São Conrado,
Río de Janeiro 22610-002 (Brasil)

VISITA IMPRESCINDIBLE
PORQUE

**El primer campo de
Río de Janeiro sigue
deleitando a los
jugadores cien
años después de
su construcción.**

18 HOYOS
CAMPO SEMIPRIVADO

Puede que Río de Janeiro sea famosa por sus playas, pero también tiene una larga historia golfística que merece la pena explorar si se es aficionado a este deporte. Fundado en 1921 como Rio de Janeiro Golf Club, el Gávea, como se conoce hoy día, fue el primer campo de golf y club de la ciudad, y sigue siendo el más prestigioso. A lo largo de su historia ha pasado por una serie de renovaciones a cargo de Stanley Thompson, A. M. Davidson, Dan Blankenship y Gil Hanse, todos los cuales han intervenido en su puesta al día. El club es en principio solo para socios, pero los huéspedes de determinados hoteles de la zona pueden reservar *tee times*.

05   TERRAVISTA GOLF COURSE

Estrada Municipal de Trancoso, km 18,
45810-000 Porto Seguro, Bahía (Brasil)

VISITA IMPRESCINDIBLE PORQUE

Los golfistas atraviesan la selva tropical antes de emerger sobre los acantilados frente al océano.

18 HOYOS
CAMPO PÚBLICO

Uno de los campos de golf más emblemáticos de Brasil, el Terravista, en Trancoso (el distrito chic de la *jet set*), permite a los golfistas disfrutar de dos de los paisajes más llamativos del país: la selva tropical y la playa. El campo fue diseñado por el arquitecto estadounidense Dan Blankenship, con los primeros nueve hoyos serpenteando a través de la densa selva y los restantes junto a la costa. Cuatro hoyos bordean acantilados de unos 50 m de altura con vistas al Atlántico. Destaca el hoyo 14, particularmente pintoresco por encontrarse en un sector del acantilado que sobresale por encima de las playas.

06 FAIRMONT BANFF SPRINGS GOLF COURSE: STANLEY THOMPSON

Golf Course Road, Banff, Alberta, T0L 0C0 (Canadá)

VISITA IMPRESCINDIBLE PORQUE

Los imponentes montes Rundle y Sulphur confieren seriedad a este espectacular campo.

27 HOYOS
CAMPO PÚBLICO

Aunque el Fairmont Banff Springs es un hotel icónico en sí mismo, para los golfistas, el adyacente Banff Springs Golf Course es la guinda del pastel. El diseñador canadiense Stanley Thompson diseñó un campo de 18 hoyos que sigue el curso del río Bow al pie de los montes Rundle y Sulphur. Las increíbles vistas desde cada hoyo podrían distraerte de tu *swing*, así que tómate tu tiempo y disfruta de ellas antes de dar el primer golpe. Si andas justo de tiempo, hay aquí también un campo de nueve hoyos de Cornish and Robinson, aunque otra posibilidad es prolongar la jornada jugando en ambos campos.

07 FURRY CREEK GOLF & COUNTRY CLUB

150 Country Club Road, Furry Creek, Columbia Británica
V8B 1A3 (Canadá)

VISITA IMPRESCINDIBLE PORQUE

Este campo se halla en el paisaje por excelencia de la Columbia Británica: montañas, bosques y un estrecho.

18 HOYOS
CAMPO PÚBLICO

Tal vez Furry Creek (que significa «arroyo peludo») tenga un nombre gracioso, el del trampero Oliver Furry, pero este campo de golf no tiene nada de gracioso. Diseñado por Robert Muir Graves –es el único campo del aclamado arquitecto estadounidense en Canadá–, Furry Creek tiene uno de los entornos más espectaculares de Canadá. Conocido como «el campo de golf más pintoresco de la Columbia Británica», serpentea por el litoral boscoso de la bahía Howe Sound bajo las montañas nevadas de este impactante lugar. El hoyo 14, llamado *tee to sea*, es el *green* de referencia, y desciende hasta la orilla del mar.

08 KANANASKIS COUNTRY GOLF COURSE: MOUNT KIDD

#1 Lorette Drive, Kananaskis, Alberta, TOL 2HO (Canadá)

VISITA IMPRESCINDIBLE PORQUE

El telón de fondo de las Montañas Rocosas de Canadá es verdaderamente especial.

36 HOYOS
CAMPO PÚBLICO

Los habitantes de Alberta tienen la suerte de contar con el Kananaskis Country Golf Course, pero pasaron por una tragedia en 2013, cuando las inundaciones arrasaron gran parte de la zona, incluido el campo Mount Kidd y su campo hermano, Mount Lorette. El club contrató a Gary Browning para que restaurara ambos, originalmente diseñados por Robert Trent Jones Sr., en 1983. Hoy siguen siendo el núcleo de la comunidad golfística local. El Mount Kidd Course es el campo superior en cuanto a dificultad, pero muchos lo ven adecuado para todos los niveles.

09   PUNTA ESPADA GOLF CLUB

Cap Cana, Punta Cana 23000 (República Dominicana)

VISITA IMPRESCINDIBLE PORQUE

Muchos golfistas lo consideran uno de los mejores campos de Jack Nicklaus del mundo.

18 HOYOS
CAMPO PÚBLICO

Punta Cana, en la República Dominicana, es uno de los destinos turísticos más populares del Caribe, pero lo que llama la atención de los golfistas es su exclusivo campo en Cap Cana. Diseñado por Jack Nicklaus, Punta Espada fue el primer campo que se construyó en la propiedad y, entre los muchos del prolífico diseñador, está considerado uno de los mejores. Destacan los *greens* junto al azul vivo del Caribe, aunque los hoyos del interior cuentan también con rasgos atractivos, como lagos, acantilados, vistas al océano y exuberantes paisajes. El hoyo insignia es el 13, que requiere enviar la bola sobre el océano hasta un *green* en un acantilado.

10 DIAMANTE CABO SAN LUCAS: LAS DUNAS

Diamante Boulevard, Cabo San Lucas,
Baja California Sur 23473 (México)

VISITA IMPRESCINDIBLE
PORQUE

**Las dunas que le
dan nombre crean
un paisaje golfístico
de otro mundo.**

18 HOYOS
CAMPO SEMIPRIVADO

Los contrastes son marcados en el campo de Las Dunas de Diamante Cabo San Lucas, uno de los mejor valorados de América Latina. El verde vivo del césped, el azul profundo del mar, el cielo celeste y el beis austero de las dunas de arena conforman juntos un hermoso campo de golf. «Cuando caminas por aquí, de repente piensas que estás en Irlanda o Escocia, en una auténtica tierra de *links*», dijo el diseñador del campo Davis Love III, en una entrevista en vídeo acerca del proyecto. «Las espectaculares dunas y los *links* barridos por el viento de Irlanda y Escocia son realmente lo único con lo que se puede comparar esta propiedad.»

11 QUIVIRA GOLF CLUB

Predio Paraíso Escondido, s/n,
23450 Cabo San Lucas, B. C. S. (México)

Ascenderás y descenderás por los hermosos acantilados desérticos de este campo junto a la playa.

18 HOYOS
CAMPO PÚBLICO

Para su sexto campo en Los Cabos (México), Jack Nicklaus apostó fuerte por las vistas. Según algunos golfistas, el Quivira Golf Club, nombrado así en honor de la mítica ciudad del oro que buscó el conquistador español Francisco Vázquez de Coronado, rivaliza en belleza paisajística con el aclamado Pebble Beach de California. El campo arranca en la sede del club junto a la playa y asciende por acantilados desérticos, discurre por la cima de un modo que parece desafiar la gravedad (visto desde el aire al menos) y desciende hasta la playa de nuevo. Dejando a un lado la comparación con Pebble Beach, las vistas son increíbles. Puede que avistes ballenas mientras juegas.

www.quiviraloscabos.com/golf

12   LIMA GOLF CLUB

770 Avenida Camino Real, San Isidro 15073 (Perú)

VISITA IMPRESCINDIBLE
PORQUE

Es un remanso de paz y belleza en el corazón de la ajetreada Lima.

18 HOYOS
CAMPO PÚBLICO

Lima es uno de los destinos de golf más exclusivos, con muchos de sus campos restringidos a los socios. Sin embargo, hay alguna vía de acceso para los visitantes. Por ejemplo, el histórico Lima Golf Club, fundado en 1924, está abierto a los huéspedes del Country Club Lima Hotel, un establecimiento protegido como patrimonio. El campo está en pleno barrio residencial de San Isidro –que creció alrededor del campo– y actualmente es uno de los mayores espacios verdes de la capital. Debido a su exclusividad, rara vez está abarrotado, lo cual es una delicia para los que van a jugar.

www.limagolfclub.org.pe

13 ARROWHEAD GOLF COURSE

10850 Sundown Trail, Littleton, Colorado 80125
(Estados Unidos)

VISITA IMPRESCINDIBLE PORQUE

Las grandes formaciones rocosas de arenisca roja crean una atmósfera imponente.

18 HOYOS
CAMPO PÚBLICO

La geología es la protagonista en el Arrowhead Golf Course de Colorado. El campo, diseñado por Robert Trent Jones Jr., discurre paralelo a una de las formaciones rocosas más sublimes de Estados Unidos. Las hojas de roca roja de los Flatirons se alzan sobre el suelo en ángulo y contrastan con el césped y los *greens*: es difícil concebir la potencia de las fuerzas cataclísmicas de la madre naturaleza que crearon este paisaje. Si quieres dejar el palo y simplemente dejarte maravillar por la belleza de este lugar, nadie podría reprochártelo.

14 BANDON DUNES GOLF RESORT: OLD MACDONALD

57744 Round Lake Road, Bandon, Oregón 97411
(Estados Unidos)

Mike Keiser, propietario del Bandon Dunes Resort, en Oregón, planteó una pregunta sencilla (quizá en sentido figurado, si no literal): «¿Y si Charles Blair Macdonald construyera un campo aquí?». Dado que el gran arquitecto del golf murió en 1939, en realidad nunca lo sabremos, pero Tom Doak y Jim Urbina dieron la mejor respuesta que pudieron al diseñar el Old Macdonald Course, cuarto campo del complejo, al estilo icónico de Macdonald. Acabaron dando forma a un verdadero campo de *links*, con muchos hoyos inspirados en algunos de los más famosos en la historia del golf, siguiendo el método del propio Macdonald.

15 BLACK JACK'S CROSSING

21701 FM 170 Lajitas, Texas 79852 (Estados Unidos)

Este campo extremadamente remoto te transportará a los tiempos del salvaje Oeste.

18 HOYOS
CAMPO PÚBLICO

A menos que dispongas de un reactor privado, te llevará un tiempo llegar al campo de golf más remoto de Texas. El Black Jack's Crossing, en el Lajitas Golf Resort, está junto a la frontera con México en el suroeste de Texas, a cinco horas por carretera de El Paso y a siete de San Antonio, pero el viaje merece la pena. No solo estarás jugando en medio del espectacular paisaje marciano del desierto de Chihuahua, sino, además, al lado mismo del Parque Nacional Big Bend. El complejo en sí se construyó alrededor de la antigua Estación Comercial de Lajitas, una estructura del siglo XIX que hoy alberga el Pro Shop y el museo Yates Longhorn. En las paredes se pueden ver los impactos de bala de los días del salvaje Oeste.

16 THE BROADMOOR GOLF CLUB: EAST

1 Lake Avenue, Colorado Springs, Colorado 80906
(Estados Unidos)

VISITA IMPRESCINDIBLE PORQUE

El East Course tiene hoyos tanto de Donald Ross como de Robert Trent Jones Sr.

18 HOYOS
CAMPO PÚBLICO

En 1918, Donald Ross diseñó los primeros 18 hoyos de The Broadmoor, en Colorado Springs. Entre cuatro y cinco décadas más tarde, Robert Trent Jones Sr. reconfiguró los 18 hoyos originales de Ross para crear dos campos nuevos de 18 hoyos. En la actualidad, tanto el East como el West Course cuentan con hoyos de ambos diseñadores. (Hubo también en su día un Mountain Course, pero lo destruyó una avalancha.) A lo largo de su siglo de vida, el East Course ha acogido varios torneos: Jack Nicklaus ganó aquí el primero de sus dos Amateurs de Estados Unidos en 1959.

17 COEUR D'ALENE RESORT

115 South 2nd Street, Coeur d'Alene, Idaho 83814
(Estados Unidos)

VISITA IMPRESCINDIBLE
PORQUE

**Alberga el único
green flotante
del mundo.**

18 HOYOS
CAMPO PÚBLICO

Para llegar hasta este campo de golf lacustre, los jugadores viajan en transbordadores de lujo desde el Coeur d'Alene Resort, pero este no es el único momento en que hay que salir al agua: el campo es famoso por su hoyo 14, que tiene el único *green* flotante del mundo, situado en su propia islita y alcanzable solo en una barca eléctrica que llaman Putter. Al fundador del complejo se le ocurrió la idea paseando a su perro junto a la orilla del lago, y el diseñador Scott Miller hizo realidad su sueño. Pero la isla no es solo un mero divertimento, sino una maravilla de la alta tecnología, con un sistema de cables submarinos que altera la distancia entre el *tee* y el *green* todos los días. Al completar el hoyo, el capitán del Putter te entrega un certificado que acredita tu logro.

www.cdaresort.com

18

FAIRMONT GRAND DEL MAR: GRAND GOLF CLUB

5200 Grand Del Mar Way, San Diego, California 92130
(Estados Unidos)

VISITA IMPRESCINDIBLE
PORQUE

**Es un fabuloso
campo de interior
donde es una
gozada jugar.**

18 HOYOS
CAMPO SEMIPRIVADO

Campos costeros como Pebble Beach encabezan la lista de deseos de la mayoría de los golfistas, pero, cuando se trata de jugar en California, los campos del interior ofrecen una experiencia del todo diferente. El Grand Golf Club, en el Fairmont Grand Del Mar, está situado en las colinas verdes del cañón de Los Peñasquitos, a unos 32 km de San Diego. Pestañea y, luego, durante un segundo creerás estar en la Toscana (gracias en parte a la casa club de estilo mediterráneo). El campo, diseñado por Tom Lazio, tiene como insignia el hoyo 18, donde una cascada se precipita tras el *green* elevado.

www.fairmont.com/san-diego/golf/the-grand-golf-club/

19   FOUR SEASONS RESORT LANAI: MANELE

1 Manele Bay Road, Lanai City, Hawái 96763 (Estados Unidos)

El campo discurre entre afloramientos volcánicos en un entorno claramente hawaiano.

18 HOYOS
CAMPO PÚBLICO

En Hawái no faltan campos de golf de gran belleza, pero el Manele Course del Four Seasons Resort Lanai es, con diferencia, uno de los más pintorescos. Los *greens* se adentran entre afloramientos rocosos negros –antiguos flujos de lava– que lindan con el océano, en una yuxtaposición visualmente impactante. Como campo equilibrado, Manele no es tan difícil como para que los golfistas se sientan frustrados, pero Jack Nicklaus se aseguró de que siguiera siendo de categoría de campeonato. Dato curioso: aunque ahora están divorciados, Bill Gates y Melinda French Gates pronunciaron sus votos matrimoniales ante la espectacular vista del hoyo 12. (El 12 es uno de los tres hoyos del campo con vistas al océano.)

20 FOUR SEASONS RESORT HUALALAI

72-100 Ka'upulehu Drive, Kailua-Kona, Hawái 96740
(Estados Unidos)

Es el campo hawaiano
por excelencia, con
su verdor exuberante,
campos de roca
volcánica y vistas
al mar.

18 HOYOS
CAMPO SEMIPRIVADO

En cuanto al paisaje, la progresión es perfecta en el Four Seasons Hualalai Course, diseñado por Jack Nicklaus (es un campo *signature*). El campo comienza en las colinas verdes dominadas por grandes montañas, para salir luego entre los campos de lava negra, emblemáticos de Big Island. Por último, se acerca al mar; el 17 es el hoyo de referencia, entre obstáculos de arena blanca y abruptas rocas de lava. En invierno, no es raro ver pasar ballenas nadando mientras se juega. El hecho de que el campo acoja cada año el Champions Tour es un testimonio del excelente golf que se juega aquí.

21 FURNACE CREEK GOLF COURSE EN EL VALLE DE LA MUERTE

Parque Nacional del Valle de la Muerte, Highway 190, Valle de la Muerte, California 92328 (Estados Unidos)

VISITA IMPRESCINDIBLE PORQUE

¿Dónde más se puede jugar a 65 m bajo el nivel del mar?

18 HOYOS
CAMPO PÚBLICO

Cuando los golfistas tienen en cuenta la altura, suele ser por encontrarse muy por encima del nivel del mar. No es el caso en Furnace Creek, el campo más bajo del mundo, a 65 m bajo el nivel del mar. Así que, aunque este campo, corto y llano, no es demasiado difícil en sí mismo, los jugadores deben hacer frente a la mayor presión atmosférica, que afecta a la física del juego. A esto hay que añadir que en el Valle de la Muerte se ha registrado la temperatura más alta del mundo: no hace falta decir que las condiciones aquí son duras, y que los jugadores pueden presumir de haber completado una ronda.

22 GOLD MOUNTAIN: OLYMPIC

7263 West Belfair Valley Road, Bremerton, Washington 98312 (Estados Unidos)

VISITA IMPRESCINDIBLE PORQUE

Su ambiente de calma, rozando lo inquietante, es de lo mejor de la región Noroeste del Pacífico estadounidense.

18 HOYOS
CAMPO PÚBLICO

Durante el ascenso hasta Gold Mountain podrías sentirte como en un episodio de *Expediente X*: el camino se adentra por un oscuro bosque de coníferas rodeado de imponentes pinos, pero, en lugar de extraterrestres, lo que encontrarás aquí es un magnífico campo de golf. El Olympic Course, diseñado por John Harbottle, es el más complicado de los dos campos de Gold Mountain y es excelente para apreciar el paisaje del noroeste del Pacífico mientras se disfruta del juego. Lo más sonado de Gold Mountain fue el Junior Amateur de Estados Unidos de 2011, en el que Jordan Spieth fue el segundo golfista en ganar el torneo en más de una ocasión. (El primero fue nada menos que Tiger Woods.)

23 INDIAN WELLS GOLF RESORT: PLAYERS

44-500 Indian Wells Lane, Indian Wells,
California 92210 (Estados Unidos)

VISITA IMPRESCINDIBLE
PORQUE

**Es uno de los mejores
campos municipales
del país.**

18 HOYOS
CAMPO PÚBLICO

Pocos de los 120 campos del valle de Coachella están abiertos al público.
El Indian Wells Golf Resort lo está, y probablemente no se parezca en nada
a los demás campos municipales a los que uno está acostumbrado. Sus dos
campos, renovados en 2007, son de categoría de campeonato, aunque no
suelen recibir el elogio que merecen por parte de las listas anuales de «mejores campos». El Players Course, diseñado por John Fought, goza de gran
prestigio entre los golfistas por la variedad de sus hoyos, entre ellos algunos
que exigen un alto riesgo a cambio de una gran recompensa. Es un campo
entretenido y, al ser de propiedad municipal, resulta bastante asequible.

www.indianwellsgolfresort.com

24   KAPALUA PLANTATION COURSE

2000 Plantation Club Drive, Lahaina, Hawái 96761
(Estados Unidos)

VISITA IMPRESCINDIBLE PORQUE

Es la sede del Sentry Tournament of Champions y uno de los mejores campos de Hawái, el paraíso del golf.

18 HOYOS
CAMPO PÚBLICO

Con tantos campos de golf en Hawái, no es fácil mantenerse entre los tres primeros puestos de casi todas las listas. El Plantation Course de Kapalua lo consigue, y no cuesta entender por qué. Los diseñadores Ben Crenshaw y Bill Moore integraron el campo entre las montañas del oeste de Maui, y aunque el agua no entra en juego en el propio campo, se puede ver el reluciente mar azul durante toda la ronda. Uno de los hoyos más memorables es el 18, un par 5 de 606 m cuesta abajo y uno de los más largos del PGA tour. El Plantation Course fue objeto de una renovación multimillonaria en 2019, lo que significa que ahora es más grande, mejor y más ecológico que nunca.

www.golfatkapalua.com/plantation-course

25   **KIAWAH ISLAND: OCEAN COURSE**

1 Sanctuary Beach Drive, Kiawah Island,
Carolina del Sur 29455 (Estados Unidos)

VISITA IMPRESCINDIBLE
PORQUE

La «Guerra en la Costa» de 1991 se libró en este difícil campo y concluyó con la victoria estadounidense en la Ryder Cup.

18 HOYOS
CAMPO PÚBLICO

Cuando el Ocean Course de Kiawah Island abrió sus puertas en 1991, fue uno de los primeros campos de golf construido expresamente para un evento, en este caso, la Ryder Cup. Aquella competición inaugural fue todo un espectáculo que cautivó al público de Estados Unidos y Europa. Los estadounidenses arrebataron la corona a los europeos en su primera victoria en la Ryder Cup desde 1983, y en los años siguientes se generó una demanda masiva por jugar en el Ocean Course. Diseñado por Pete y Alice Dye, el campo de estilo *links* serpentea entre las dunas de Kiawah Island con hermosas vistas del océano, pero también con el desafío del viento procedente del mar. De hecho, se considera uno de los campos más difíciles de Estados Unidos.

www.kiawahresort.com/golf/the-ocean-course

26   LOS ALAMOS COUNTY GOLF COURSE

4290 Diamond Drive, Los Álamos, Nuevo México 87544
(Estados Unidos)

VISITA IMPRESCINDIBLE PORQUE

Este campo es para los entusiastas de la historia de la ciencia.

18 HOYOS
CAMPO PÚBLICO

En la década de 1940, la ciudad de Los Álamos, en Nuevo México, fue uno de los lugares más secretos de Estados Unidos. Este remoto lugar acogió el Proyecto Y del Proyecto Manhattan, el laboratorio de investigación nuclear que acabaría desarrollando la bomba atómica. Aunque el público sabía poco sobre lo que se hacía en Los Álamos, allí vivía mucha gente, entre científicos, militares, personal de apoyo y sus familias, con abundantes actividades de ocio. La Comisión de Energía Atómica construyó un campo de golf de 18 hoyos en Los Álamos en 1947 y, cuando se levantó el secreto sobre el proyecto en los años posteriores a la Segunda Guerra Mundial, se abrió al público como campo municipal, como sigue siendo hoy día. Su altitud, a 2255 m, hace que sea un desafío para los golfistas.

27 MAUNA KEA GOLF COURSE

62-100 Mauna Kea Beach Drive, Kohala Coast,
Hawái 96743 (Estados Unidos)

VISITA IMPRESCINDIBLE
PORQUE

**Fue el primer campo
de golf construido
en la isla de Hawái.**

18 HOYOS
CAMPO PÚBLICO

Antes de 1964 no había campos de golf en la isla de Hawái, volcánicamen-
te activa, pero Laurance S. Rockefeller, constructor del primer complejo turístico de la isla –el Mauna Kea Beach Hotel–, le pidió al arquitecto Robert
Trent Jones Sr. que cambiara eso. RTJ construiría su campo de categoría de
campeonato sobre un campo de lava negra, siendo pionero en un nuevo tipo
de suelo hecho de roca ígnea, caliza y coral. En la primera ronda compitieron
Arnold Palmer, Jack Nicklaus y Gary Player en un especial televisado, con
un emblemático tercer hoyo que dejó de piedra no solo a los espectadores,
sino también a los golfistas; desde el *tee* trasero, debían salvar unos 210 m sobre el océano y la lava para alcanzar el *green*. Palmer fue el único en lograrlo.

28 PGA WEST: STADIUM

56-150 Pga Boulevard, La Quinta, California 92253
(Estados Unidos)

VISITA IMPRESCINDIBLE
PORQUE

**No hay campo más
endiablado en el
valle de Coachella
de California.**

18 HOYOS
CAMPO SEMIPRIVADO

Difícilmente haya un lugar mejor para jugar al golf en California que el valle de Coachella, donde hay más de 120 campos. Sin embargo, ninguno de ellos es tan desafiante como el Stadium, en PGA West, el monumental complejo golfístico de La Quinta Resort & Club, obra de Pete Dye. Aunque este diseñador es de sobra conocido por sus campos difíciles, el Stadium, así llamado porque Dye decidió construir gradas para los espectadores en el terreno, va un paso más allá en cuanto a dificultad. A muchos golfistas les atrae la perspectiva de enfrentarse a un desafío como este, al menos hasta que el campo les muestra quién manda. No obstante, ha habido vencedores: en 1987, Lee Trevino logró un hoyo en uno en el 17, un par 3, más conocido como «Alcatraz», por encontrarse en un *green* en un islote completamente rodeado de agua.

29   PAYNE'S VALLEY GOLF COURSE

1250 Golf Club Drive, Hollister, Misuri 65672 (Estados Unidos)

VISITA IMPRESCINDIBLE PORQUE

Nombrado en honor del golfista Payne Stewart, este fue el primer campo público de Tiger Woods.

18 HOYOS
CAMPO PÚBLICO

Como muchos de los mejores golfistas del mundo, Tiger Woods se dedicó a diseñar campos, además de jugar en ellos. Su empresa, TGR Design, creó una serie de campos privados, pero Payne's Valley, en el Big Cedar Lodge, en Misuri, es su primer campo público, nombrado así en honor del difunto Payne Stewart, nacido en dicho estado. Es un campo bastante asequible para golfistas de todos los niveles, perfecto para una o dos rondas relajadas con amigos, así que no es para quienes busquen desafíos extremos. Hay un hoyo 19 par 3 especialmente hermoso, con un *green* en una isla en la base de una cascada.

www.bigcedar.com/golf/paynes-valley-course

30   OJAI VALLEY INN

905 Country Club Road, Ojai, California 93023
(Estados Unidos)

**Este es un campo
controvertido,
pero los golfistas
deberían jugar en
él antes de tomar
postura en cuanto
a su diseño.**

18 HOYOS
CAMPO PÚBLICO

El Ojai Valley Inn lleva casi un siglo siendo el hotel favorito de los visitantes de fin de semana de Los Ángeles, entre otras cosas por su campo de golf. Construido en 1923, fue celebrado por su diseñador, el aclamado arquitecto del golf George C. Thomas Jr., como «muy por encima del mejor» de todos sus demás diseños. Pero aquí empieza la controversia: entre la Gran Depresión y la Segunda Guerra Mundial, el campo de Thomas se perdió en gran parte, y una serie de renovaciones en las décadas siguientes –sobre todo quizá la de finales de la década de 1980, por Jay Morrish– acabaron con lo que quedaba del campo. Los puristas critican que el Ojai Valley Inn publicite el campo como un diseño de Thomas, mientras que otros dejan a un lado la historia y valoran el campo por su trazado actual, un diseño precioso en cualquier caso. ¿De qué lado estás? Tendrás que jugar allí para decidirlo.

31 PEBBLE BEACH GOLF LINKS

1700 17-Mile Drive, Pebble Beach, California 93953
(Estados Unidos)

Sus vistas son la razón de que se considere generalmente el mejor campo de golf público de Estados Unidos.

18 HOYOS
CAMPO PÚBLICO

Pebble Beach, en California, es un complejo costero conocido por su exposición-concurso de automóviles Concours d'Elegance y por ser el mejor campo de golf público del país. Abierto a todos –o al menos a los que estén dispuestos a pagar el precio de entrada–, tiene una de las mejores ubicaciones en la historia del golf: el cabo que se adentra en la bahía de Carmel. Desde el punto de vista técnico, no es el campo más difícil de la zona, con su sencillo diseño de ida y vuelta de Jack Neville y Douglas Grant, trazado en 1919 y puesto al día por Henry Chandler Egan una década más tarde. Aún así, los golfistas acuden atraídos por unas vistas tan majestuosas que el *Golf Digest* lo celebra como «el mejor encuentro de tierra y mar en el golf estadounidense».

www.pebblebeach.com/golf/pebble-beach-golf-links/

32   PINEHURST NO. 2

1 Carolina Vista Drive, Pinehurst, Carolina del Norte 28374
(Estados Unidos)

VISITA IMPRESCINDIBLE
PORQUE

**Este campo no
solo es un desafío;
también forma parte
de la historia del golf
estadounidense.**

18 HOYOS
CAMPO SEMIPRIVADO

En 1999, Payne Stewart dio un golpe increíble de 4,5 m que le coronó como ganador del Abierto de Estados Unidos, tras un duelo feroz contra Phil Mickelson. Fue una de las competiciones más memorables en la historia del golf en Estados Unidos, y en un campo histórico. Pinehurst No. 2, en Carolina del Norte, fue el máximo logro del diseñador Donald Ross, quien viajó a Estados Unidos desde Escocia en 1899 para promover el deporte en el país. En 1907 completó este difícil campo, que rápidamente se convirtió en uno de los más venerados del país y en sede de muchos grandes torneos. En 2010, una amplia renovación por parte de Coore y Crenshaw le devolvió gran parte de su encanto histórico.

33 PRIMLAND RESORT: HIGHLAND COURSE

2000 Busted Rock Road, Meadows of Dan,
Virginia 24120 (Estados Unidos)

VISITA IMPRESCINDIBLE PORQUE

Serás testigo de la gloria de la Cordillera Azul mientras juegas en este campo exquisitamente cuidado.

18 HOYOS
CAMPO PÚBLICO

Trazado por Donald Steel y sus entonces socios Martin Ebert y Tom MacKenzie, el Highland Course del Primland Resort, en Virginia, es una lección en cuanto a variedad de diseño. La ruta que atraviesa la Cordillera Azul discurre por espectaculares crestas, se asienta en valles boscosos y se extiende por llanos, presentando toda clase de retos a los golfistas. Pese al terreno difícil, el Highland Course recibe muchos elogios por su estado inmaculado. Además, el propio Primland Resort tiene también en cuenta la variedad: su lista de actividades abarca desde tiro y rutas en *quad* hasta la observación del cielo en el observatorio del lugar; y los alojamientos incluyen desde habitaciones de hotel estilo cabaña hasta casas privadas. No es de extrañar que golfistas de toda la costa este y sur pasen regularmente largos fines de semana aquí.

www.aubergeresorts.com/primland/experiences/golf/

34   SEDONA GOLF RESORT

35 Ridge Trail Dr., Sedona, Arizona 86351 (Estados Unidos)

VISITA IMPRESCINDIBLE PORQUE

No hay nada más representativo del suroeste de Estados Unidos que las Red Rocks de Sedona, que forman el telón de fondo de este campo.

18 HOYOS
CAMPO PÚBLICO

El hoyo 10 del Sedona Golf Resort es uno de esos hoyos de los que uno toma una Polaroid mental y la cuelga en algún recoveco de la memoria. Se debe a que el telón de fondo son las espectaculares Red Rocks (concretamente, la Cathedral Rock) que hacen de Sedona un lugar tan fotogénico. Si eres más golfista que excursionista, esta es una forma mucho más agradable de verlas que hacer senderismo por el desierto. (Siempre podrías hacer ambas cosas, pues el campo se encuentra en la base del Parque Estatal Red Rock.) En otras partes, el campo, diseñado por Gary Panks, atraviesa valles llenos de enebro.

35 SILVIES VALLEY RANCH: HANKINS Y CRADDOCK

10000 Rendezvous Lane, Seneca, Oregón 97873
(Estados Unidos)

VISITA IMPRESCINDIBLE
PORQUE

**En estos dos campos
se juega en hoyos
compartidos y
reversibles. Sí,
has leído bien.**

36 HOYOS EN 27 *GREENS*
CAMPO PÚBLICO

Técnicamente, los campos Hankins y Craddock del Silvies Valley Ranch –un remoto complejo turístico ubicado entre Portland (Oregón) y Boise (Idaho)– son dos campos distintos…, pero no del todo: hay 36 hoyos repartidos en 27 *greens*, lo cual supone que algunos de los *greens* los comparten dos hoyos distintos. Diseñado por Dan Hixon y uno de los propietarios, Scott Campbell, el campo es reversible y el recorrido se cambia cada día. Para complicar aún más la cosa, los lugares de salida y los *tees* son móviles, lo cual aporta variedad añadida en cada ronda. Curiosamente, la reversibilidad no es nada nuevo: el Old Course, en St. Andrews (Escocia), se jugó tanto en sentido horario como antihorario durante décadas.

36   TORREY PINES: SOUTH

11480 N Torrey Pines Road, La Jolla, California 92037
(Estados Unidos)

**¿Está en lo alto
de un acantilado?
Sí. ¿Ha sido sede
de dos Abiertos de
Estados Unidos?
Lo ha sido. ¿Está
abierto al público?
Así es.**

18 HOYOS
CAMPO PÚBLICO

Solo hay un puñado de campos de golf abiertos al público para el Abierto
de Estados Unidos, y Torrey Pines es uno de ellos. En 2008 se convirtió en
el segundo campo municipal en acoger el Abierto de Estados Unidos, un
honor que tuvo de nuevo en 2021. Torrey Pines cuenta con dos campos,
pero es el South Course el que recibe la mayoría de los elogios, en parte por
tener mejores vistas y en parte por su mayor dificultad. Desde luego, este
campo está grabado en la mente de los aficionados al golf de todo el mundo:
el hoyo 18 fue el escenario de un final memorable cuando Tiger Woods se
hizo con su gran título número 14.

37 MARRIOTT MENA HOUSE GOLF COURSE

Carretera de las Pirámides 6, Guiza,
Gobernación de Guiza 12556 (Egipto)

**Jugarás al golf
junto a la Gran
Pirámide de Guiza.**

18 HOYOS
CAMPO PÚBLICO

La Gran Pirámide de Guiza, la única de las siete maravillas del mundo antiguo que existe en la actualidad, está en la lista de deseos de muchos viajeros, pero, además de visitarla, también se puede jugar una ronda de golf junto a ella. El histórico Hotel Marriott Mena, ubicado junto al complejo de las pirámides de Guiza, contiene un campo de nueve hoyos, construido en 1899. Aunque no es el campo más grande ni el más difícil del mundo, se encuentra sin duda en una de las mejores localizaciones, por lo que merece la pena pasar medio día en él. Debido a su antigüedad, ahora está en plena renovación (que llevará años), por lo que es posible que tengas que reservarlo para más adelante. Cuando se reabra, será de visita obligada.

www.marriott.com/hotels/travel/caimn-marriott-mena-house-cairo/

38 WINDSOR GOLF HOTEL & COUNTRY CLUB

Kigwa Road, Ridgeways junto a Kiambu Road, Nairobi (Kenia)

VISITA IMPRESCINDIBLE PORQUE

Es el lugar ideal para jugar al golf antes de salir de safari.

18 HOYOS
CAMPO PÚBLICO

Puede que Nairobi sea una metrópolis ajetreada, pero a solo quince minutos del centro de la ciudad hay un campo sereno que da la impresión de estar en medio de la sabana. Las calles del victoriano Windsor Golf Hotel & Country Club de Nairobi, diseño del arquitecto norirlandés Tom Macaulay, serpentean entre exuberantes jardines y densas arboledas junto a una plantación de café. Es el lugar perfecto para relajarse antes de hacer un safari: después del vuelo internacional, pasa aquí un día o dos jugando un poco al golf antes de adentrarte en la vida salvaje. Conviene tener en cuenta que el Windsor está a más de kilómetro y medio sobre el nivel del mar, lo que puede influir en el juego.

www.windsorgolfresort.com

39   ÎLE AUX CERFS GOLF CLUB

Ile aux Cerfs, Trou d'Eau Douce (Mauricio)

Después del largo vuelo hasta la remota isla de Mauricio, en el océano Índico, aún tendrás que hacer otro viaje si quieres jugar en el mejor campo de golf del país. Afortunadamente, ese trayecto es mucho más corto que el vuelo: solo serán unos minutos en un pequeño ferri. Île Aux Cerfs está junto a la isla mayor de Mauricio, en una isla propia en la que antes había una plantación de caña azucarera, y el campo, diseñado por Bernhard Langer, hace un uso excelente de la topografía, serpenteando entre las playas, las pozas de marea, los manglares y los afloramientos volcánicos. Con toda su belleza, Île aux Cerfs es quizá más difícil de lo que parece. Los *greens* son pequeños, y es probable que el paisaje se quede con unas cuantas pelotas de golf durante la ronda.

www.ileauxcerfsgolfclub.com

40 TAMARINA GOLF CLUB

Bahía de Tamarin, Tamarin 90922 (Mauricio)

VISITA IMPRESCINDIBLE
PORQUE

El espectacular entorno es un bosque tropical que rodea un río bajo montañas escarpadas.

18 HOYOS
CAMPO PÚBLICO

Aunque Mauricio sea un país insular, el mar no desempeña un papel destacado en el Tamarina: las vistas se centran en las montañas, como el imponente monte Rampart y los tres picos de las Trois Mamelles. Además, el paisaje inmediato que rodea el campo –diseñado por Rodney Wright– es principalmente de bosque tropical exuberante o sabana abierta. El agua aquí la aporta el río Rampart, cuyo barranco y estuarios sirven de obstáculos en algunos hoyos. El hoyo de referencia aquí es el 13, un par 3 con una caída de 25 m del *tee* al *green*. No es, ni mucho menos, el campo más difícil de todos los que hay en esta isla, pero desde luego resulta entretenido disfrutar del paisaje durante una ronda.

41   **OMEYA GOLF CLUB**

44V7+646, Perahomp (Namibia)

VISITA IMPRESCINDIBLE
PORQUE

Esta «joya esmeralda de Namibia» es un oasis en el agreste *bushveld*.

18 HOYOS
CAMPO SEMIPRIVADO

Si nunca has estado en Namibia, quizá lo imagines lleno de altas dunas de arena roja, y así es. Sin embargo, el terreno del desierto del Namib es más variado de lo que se podría pensar e incluye un campo de golf de un verde vivo. El Omeya Golf Club, a 30 minutos en automóvil hacia el sur de la capital, Windhoek, fue diseñado por Peter Matkovich para que se integrara a la perfección con el *bushveld*, o sabana arbolada, de los alrededores. De hecho, durante su construcción, solo se taló un puñado de acacias espina de camello para hacer sitio al campo, que serpentea entre el paisaje natural. En un entorno tan árido, no es de extrañar que este campo se conozca como «la joya esmeralda de Namibia».

42 CONSTANCE LEMURIA GOLF COURSE

Anse Kerlan Praslin Seychelles (Seychelles)

VISITA IMPRESCINDIBLE
PORQUE

Este es el único campo de golf de 18 hoyos en las Seychelles y un lugar encantador y relajado para jugar.

18 HOYOS
CAMPO PÚBLICO

Hay más de cien islas en las Seychelles, país del océano Índico famoso por sus complejos turísticos tropicales, pero solo una de ellas cuenta con un campo de golf de 18 hoyos: la isla Praslin, que alberga el complejo Constance Lemuria Seychelles y su campo de golf asociado, obra de Rodney Wright y Marc-Antoine Farry. Aunque la propiedad es sin duda lujosa, jugar al golf allí es un asunto mucho más relajado que en campos más formales de otras partes del mundo. Pero relajado no necesariamente quiere decir fácil: hay que estar atento a las ciénagas y a los cangrejos que roban las pelotas, además de la complicada cuesta arriba en el hoyo 16, de par 5. Este llega justo después del hoyo de referencia, el 15, un par 3, donde el *tee* está a unos 75 m por encima del *green*, con vistas a la prístina playa de Anse Georgette.

43 ARABELLA GOLF CLUB

R44, Kleinmond, 7195, Cabo Occidental (Sudáfrica)

Este campo, obra de Peter Matkovich, es uno de los puntos fuertes de la Garden Route.

18 HOYOS
CAMPO PÚBLICO

Si estás jugando en la Garden Route, destino golfístico de Sudáfrica, busca un hueco en tu agenda para una ronda en el Arabella Golf Club, situado en el Arabella Country Estate. El campo se inauguró en 1998 y ha cosechado elogios por su integración en el entorno natural, un detalle crucial dada su localización en la Reserva de la Biosfera Kogelberg. Destacan las vistas sobre la laguna del río Bot, con la cordillera de Palmiet al fondo, sobre todo desde el estimulante hoyo 8, un par 5, que se juega cuesta abajo en dirección al agua. Los hoyos 9, 17 y 18 se juegan paralelos a la laguna, mientras que el resto discurren entre las colinas del parque.

www.arabellacountryestate.co.za/arabella-golf-course/

44 GARY PLAYER COUNTRY CLUB

Sun City Resort, Sun City, 0316 (Sudáfrica)

VISITA IMPRESCINDIBLE
PORQUE

Alberga el Nedbank Golf Challenge anual, antes conocido como Million Dollar Golf Challenge.

18 HOYOS
CAMPO PÚBLICO

Desde 1981, los jugadores compiten por un premio de un millón de dólares en el anual Nedbank Golf Challenge, antes llamado Million Dollar Golf Challenge, que se celebra en el Gary Player Country Club, en Sudáfrica. Puede que un millón de dólares no parezca un gran premio hoy en día (en el mundo del golf, al menos), pero teniendo en cuenta que la bolsa entera del Masters de Augusta de 1981 eran solo 362 587 dólares y que el ganador, Tom Watson, se llevó solo 60 000, se entiende el ruido que hizo el Challenge en el mundo del golf. Como puede deducirse de su nombre, este campo en el Sun City Resort, de estilo Las Vegas, fue diseñado por Gary Player y suele figurar entre los mejores de Sudáfrica.

www.suninternational.com/sun-city/activities/golf/gary-player-golf-course/

45 **LEOPARD CREEK COUNTRY CLUB**

Leopard Creek Estate, R570, Malalane Gate – Parque Nacional Kruger, Malalane, Mpumalanga 1320 (Sudáfrica)

VISITA IMPRESCINDIBLE PORQUE

Puede que veas cocodrilos e hipopótamos mientras juegas.

18 HOYOS
CAMPO PÚBLICO

Que no te engañe el nombre Leopard Creek: este campo está junto al río Crocodile, que bordea el Parque Nacional Kruger, y es más probable ver gigantes acuáticos que escurridizos felinos. Los hipopótamos también son aficionados al río, sobre todo cerca del *green* del hoyo 13. Pero no hay nada que temer: el campo, de Gary Player, está diseñado de tal modo que estarás a salvo mientras juegas. La presencia de la vida salvaje no es lo único destacable: es un campo de competición que ha albergado el Alfred Dunhill Championship desde el año 2000, por lo que el juego estimulante estará asegurado. Se trata de un club exclusivo para socios, pero los clientes de algunos de los alojamientos de lujo próximos pueden reservar ciertos días de la semana.

46 PEZULA CHAMPIONSHIP COURSE

1 Laggon View Drive, Sparrebosch, Knysna 6571 (Sudáfrica)

Entre los numerosos campos de categoría mundial de Sudáfrica, este está considerado uno de los que ofrece mejores vistas.

18 HOYOS
CAMPO PÚBLICO

La palabra shona *pezula* significa «en lo alto con los dioses», un nombre adecuado para este campo situado en la cima de un acantilado. Pezula se construyó en el East Head de Knysna a lo largo de la Garden Route de Sudáfrica, y ofrece vistas panorámicas del océano Índico y de los acantilados que bordean la costa. Fue diseñado por el estadounidense Ronald Fream, quien convenció a los constructores para que le permitieran situar el hoyo 14 en el borde mismo del acantilado. Desde entonces se ha convertido en el hoyo de referencia y es una de las partes más fotografiadas del campo. Un consejo: tómate tu tiempo para jugar, pues, según Pezula, la ronda media dura poco menos de cinco horas.

47 PEARL VALLEY: JACK NICKLAUS SIGNATURE GOLF COURSE

R301, Wemmershoek Road, Paarl 7646 (Sudáfrica)

VISITA IMPRESCINDIBLE PORQUE

Jack Nicklaus y Gary Player fueron los primeros en jugar aquí, campo *signature* de Nicklaus, cuando se inauguró en 2003.

18 HOYOS
CAMPO PÚBLICO

Val de Vie es una de las mejores urbanizaciones de lujo de Sudáfrica, con una impresionante gama de actividades de ocio, desde un centro ecuestre y un campo de polo hasta una bodega. Pero lo más destacado es el campo de golf Pearl Valley, segundo campo *signature* de Jack Nicklaus en el país. Se encuentra en un valle entre las montañas Drakenstein, que ofrecen paisajes excelentes mientras se juega. Aunque el campo es bastante llano, Nicklaus lo dotó de rasgos suficientes para mantener el interés a lo largo de una ronda. Los hoyos de referencia son el 13 y el 14, ambos con vistas ideales del paisaje.

www.pearlvalley.co.za/golf

48 PINNACLE POINT GOLF CLUB: FYNBOS

1 Pinnacle Point Road, Mossel Bay 6506 (Sudáfrica)

VISITA IMPRESCINDIBLE PORQUE

Las vistas desde el acantilado sobre el océano Índico son simplemente magníficas.

18 HOYOS
CAMPO PÚBLICO

Los golfistas con vértigo quizá prefieran mantenerse alejados del Clifftop Fynbos Golf Course, del Pinnacle Point Golf Club; pero si puedes soportar las vertiginosas alturas de los acantilados frente al océano, serás recompensado no solo con una de las mejores vistas del golf, sino también con un juego de lo más desafiante. Siete de los dieciocho hoyos están junto al borde de los acantilados, y cuatro de ellos desafían a los jugadores a superar el vacío y el agitado océano abajo. Al completar el campo en 2006, el diseñador Peter Matkovich dijo: «Pinnacle Point Estate es sin duda el campo de golf más espectacular que nunca tuve la ocasión de diseñar». Los diseñadores suelen decir cosas así, pero en este caso probablemente es cierto.

49 SKUKUZA GOLF CLUB

Skukuza Camp, Parque Nacional Kruger (Sudáfrica)

Se trata de un safari golfístico: no pierdas de vista a los cinco grandes mientras das el primer golpe.

9 HOYOS
CAMPO PÚBLICO

¿Te aburre un poco el golf últimamente? Una ronda en el Skukuza Golf Club seguro que te saca de la rutina. Parte del Parque Nacional Kruger –centro neurálgico de los safaris en Sudáfrica–, el campo se construyó en origen para el personal, pero más tarde se abrió también a los visitantes. Como el campo de nueve hoyos no está vallado, es bastante habitual ver todo tipo de animales salvajes, desde los cinco grandes –esto es: el búfalo, el elefante, el león, el leopardo y el rinoceronte– hasta hipopótamos y facóqueros. (Se dice que un león mató a su presa en el primer *green*, y otro vídeo muestra a una manada de elefantes interrumpiendo la jugada de un golfista.) Aunque el personal del parque está siempre atento a cualquier peligro, los jugadores deben firmar un formulario de indemnización, por si acaso.

50

SEA CLIFF RESORT & SPA

Kama Village, Mangapwani P. O. Box: 1763,
Zanzíbar (Tanzania)

La casa club del único campo de golf de Zanzíbar tiene playa privada.

9 HOYOS, 18 *TEES*
CAMPO PÚBLICO

Para los amantes de la playa, la isla de Zanzíbar (o Unguja), junto a la costa de Tanzania, es un sueño, pero hasta 2015 carecía de algo crucial como destino de ocio: un campo de golf. Eso cambió al implantarse los nueve hoyos del Sea Cliff Resort & Spa, diseñados por Peter Matkovich para jugarse desde distintos *tees* en dos rondas para un recorrido completo de 18 hoyos. El campo llano conduce a dos hoyos ante el océano, el 7/16 y el 9/18, y a la casa club en una playa privada de arena blanca. Zanzíbar es un destino que vale la pena para cualquier viajero, pero este campo fuera de lo común es una razón más para visitarlo.

51 LAKE VICTORIA SERENA GOLF RESORT & SPA

Lweza-Kigo Road off Entebbe Road, Kampala (Uganda)

VISITA IMPRESCINDIBLE PORQUE

Es uno de los mejores campos de Uganda, en la orilla del lago Victoria.

18 HOYOS
CAMPO PÚBLICO

Situado aproximadamente a medio camino entre Kampala y Entebbe, el Lake Victoria Serena Golf Resort & Spa, que abrió sus puertas en 2018 para inaugurar el Abierto de Golf Serena-Johnnie Walker, no solo es un destino de ocio perfecto para los ugandeses, sino también para los turistas que van de ciudad en ciudad y para los aficionados a los safaris. Diseñado por Kevin Ramsey, de la empresa estadounidense Golfplan, el campo de 18 hoyos se encuentra en la misma orilla del lago Victoria, el mayor lago tropical del mundo, con el hoyo final en un *green* en una isla. El golf tiene una larga historia en Uganda, cuyo primer campo se inauguró en 1901, y Lake Victoria Serena continúa el desarrollo de este deporte en el país.

www.serenahotels.com

52 ROYAL HARARE GOLF CLUB

5th Street Extension, Harare (Zimbabue)

Fundado en 1898, este es uno de los campos de golf más antiguos de África, y goza de patronazgo real.

18 HOYOS
CAMPO SEMIPRIVADO

Cuando los golfistas jugaron por primera vez en el Royal Harare (antes conocido como Salisbury Golf Club), el campo tenía un aspecto diferente al actual. Corría el año 1898, y el juego se desarrollaba en *greens* de arena. Con el paso de los años, figuras tales como Fred W. Hawtree, Nick Price y Steve Smyers fueron renovando el campo, y el resultado fue el hermoso césped entre el parque de quicuyo que hay hoy (gracias al desarrollo de la tecnología de riego, crucial para reverdecer esta árida región). En 1929, el rey Jorge V de Inglaterra concedió el patronazgo real al Royal Harare.

www.royalharare.co.zw

53 ROYAL THIMPHU GOLF CLUB

Kurdey Lam 5, Thimphu (Bután)

VISITA IMPRESCINDIBLE PORQUE

¿Dónde más puedes jugar en el mismo campo que un rey?

9 HOYOS, 18 *TEES*
CAMPO PÚBLICO

Para aquellos que viajan por todo el mundo, Bután es un destino codiciado, conocido por ser de acceso difícil para los turistas, pero que merece la pena por su paisaje y su cultura. Es lógico que, para los golfistas, el único campo público del reino figure también en su lista de deseos. Diseñado por Ronald Fream, el campo de nueve hoyos (hay dos conjuntos de *tees* para una ronda plena de 18) se encuentra justo al lado del Tashichho Dzong, una fortaleza y monasterio del siglo XVII que alberga los despachos reales. El propio rey juega a veces en Royal Thimphu. Durante la ronda podrás disfrutar del paisaje de montaña, en medio del Himalaya y a unos 2285 m de altura.

54 PHOKEETHRA COUNTRY CLUB

Aldea de Dontro, Comuna de Lavea, Distrito de Puok,
Provincia de Siem Reap (Camboya)

VISITA IMPRESCINDIBLE PORQUE

El primer campo de golf de categoría internacional de Camboya está muy cerca de Angkor Wat.

18 HOYOS
CAMPO PÚBLICO

Quizá te sorprenda saber que el antiguo complejo de templos Angkor Wat, declarado Patrimonio de la Humanidad por la Unesco y situado cerca de la ciudad moderna de Siem Reap, no cuenta con un campo de golf propio. Por suerte, ¡hay algunos cerca! El Phokeethra Country Club, a solo media hora en automóvil, es el primer campo de golf camboyano de categoría internacional, inaugurado en 2007. Ese mismo año albergó el Abierto de Camboya, atrayendo la atención de los profesionales del Asian Tour, y hoy sigue deleitando a jugadores tanto locales como internacionales. Mientras juegas, no dejes de admirar el puente Roluh, estructura de piedra del siglo XI que recuerda a los golfistas exactamente dónde están: en la antigua tierra de los jemeres.

www.phokeethraangkor.com

55 SHANQIN BAY GOLF CLUB

Longgunzhen, Wanning, provincia de Hainan 571521
(China)

Varios arquitectos del golf aseguraron que nunca podría construirse aquí un campo y, con todo, Shanqin Bay existe.

18 HOYOS
CAMPO PRIVADO

La ciudad de Sanya, en el extremo sur de la isla de Hainan, en China, es un destino turístico conocido, pero a solo dos horas hacia el norte hay grandes extensiones de terreno montañoso sin explotar en las que es difícil construir. Pero eso no impidió a Wang Jun, presidente de la asociación de golf profesional de China, construir aquí un campo de golf de lo más exclusivo. Debido a la topografía extrema de los acantilados costeros, varios arquitectos rechazaron el encargo de la bahía de Shanqin afirmando que era irrealizable. Sin embargo, Bill Coore y Ben Crenshaw aceptaron el desafío, y, en 2004, Coore pasó una semana inspeccionando la zona antes de determinar un trazado plausible. El campo resultante es uno de los más solicitados de China, aunque solo está abierto a los socios (que solo ingresan por invitación) y sus invitados. Muchos de los que han tenido la suerte de poder jugar aquí afirman que esta experiencia golfística está entre sus favoritas.

56 YALONG BAY GOLF CLUB

Distrito de Complejos Hoteleros de la Bahía de Yalong, Sanya, provincia de Hainan 572000 (China)

VISITA IMPRESCINDIBLE PORQUE

Este campo es la gran dama de Sanya.

18 HOYOS
CAMPO PÚBLICO

Donde hay complejos turísticos de playa, también hay campos de golf. Este es el caso del principal destino playero de China, Sanya, en la isla de Hainan, con sus costas tropicales surtidas de complejos de lujo. Inaugurado en el año 2000, el Yalong Bay Golf Club puede considerarse «histórico» para los parámetros de Sanya, pues muchos de sus campos son más recientes. Robert Trent Jones Jr. lo diseñó para imitar los *links* clásicos de dunas blandas, aunque el campo se encuentra un poco alejado del mar. Hay que estar atento a los 98 obstáculos y al sinuoso río que atraviesa el campo.

www.ritzcarlton.com/en/hotels/china/sanya/area-activities/activities/golf

57 THE CLEARWATER BAY GOLF & COUNTRY CLUB

139 Tai Au Mun Road, Clear Water Bay, Nuevos Territorios
(Hong Kong, China)

VISITA IMPRESCINDIBLE
PORQUE

La ubicación del
campo en lo alto de
un acantilado ha dado
pie a comparaciones
con Pebble Beach, en
California, y con Cape
Kidnappers, en Nueva
Zelanda.

18 HOYOS
CAMPO PÚBLICO

En Clearwater Bay, en Hong Kong, no se juegan los nueve hoyos delanteros y los nueve traseros, sino los nueve del Océano y de las Tierras Altas. El campo arranca serpenteando cuesta abajo por una península en forma de gancho rodeada de acantilados que recuerda a partes de Pebble Beach, en California, y de Cape Kidnappers, en Nueva Zelanda, para luego adentrarse en colinas boscosas con montañas como telón de fondo. Cuando se inauguró en 1982, el circuito era al revés, pero la renovación en 2006 de Peter Thomson y Ross Perrett lo invirtió, lo que se considera una gran mejora. Tómate un momento para disfrutar de las vistas del océano en el hoyo 3, considerado uno de los mejores del mundo.

58 JOCKEY CLUB KAU SAI CHAU: NORTE

P. O. Box 88, Sai Kung Post Office, Nuevos Territorios
(Hong Kong, China)

VISITA IMPRESCINDIBLE
PORQUE

**Por algo este campo
es uno de los más
demandados –si no
el más demandado–
de Hong Kong.**

18 HOYOS
CAMPO PÚBLICO

Inaugurado en 1995, el Jockey Club Kau Sai Chau ofrece tres campos de
golf públicos, pero es muy difícil reservar un *tee time*. ¿Por qué? Muy sencillo:
porque, al ser los únicos campos públicos de Hong Kong, están muy demandados. Dejando a un lado las probabilidades de jugar allí, los tres campos
son espectaculares y están situados en las colinas costeras de la isla de Kau
Sai Chau. El Campo Norte, diseñado por Gary Player, es el favorito en cuanto a juego, pues es el más largo y difícil de los tres; sin embargo, el Campo
Este destaca por su entorno, ya que todos los hoyos tienen vistas al océano.

59   **GULMARG GOLF CLUB**

Gulmarg, Jammu y Cachemira 193403 (India)

Este campo de golf fuera de lo común es uno de los más altos del mundo.

18 HOYOS
CAMPO PÚBLICO

En la región más septentrional de India está el histórico Gulmarg Golf Club, cuya altitud de 2650 m en el Himalaya lo convierte en uno de los más elevados del mundo. Aunque el club fue inaugurado oficialmente en 1911, aquí se ha jugado al golf desde finales del siglo XIX, cuando el coronel británico Neville Chamberlain estableció un pequeño campo de seis hoyos en lo que era un retiro estival para oficiales británicos. Cachemira no es uno de los destinos golfísticos más populares, pero para viajeros intrépidos que buscan lugares atípicos para jugar, bien vale la pena hacer una parada en Gulmarg.

60 LALIT GOLF & SPA RESORT GOA

Raj Baga, Canacona, Goa 403702 (India)

Aunque Goa sea un destino turístico popular en India, el golf aquí no tiene una gran presencia. Pese a esto, hay algunos campos en los que los golfistas que visiten la zona pueden jugar un par de vueltas. Para una experiencia plena de 18 hoyos, el sitio ideal es Lalit Golf & Spa Resort. En la actualidad, es el único campo de nivel internacional en el estado, con nueve hoyos de doble *tee* diseñados por el coronel K. D. Bagga, alumno de Alister MacKenzie. El campo, bordeado de palmeras, discurre entre los edificios barrocos portugueses del complejo y las dunas de la playa.

www.thelalit.com/the-lalit-goa/

61 BALI NATIONAL GOLF CLUB

The MAJ Nusa Dua, Kawasan Wisata Lot S-5, Nusa Dua, Bali 80363 (Indonesia)

VISITA IMPRESCINDIBLE PORQUE

El paisaje está diseñado para evocar las típicas terrazas arroceras de Bali.

18 HOYOS
CAMPO PÚBLICO

Cuando inicias una ronda en el Bali National Golf Club, comienzas por nueve hoyos en la selva que se abren paso entre colinas con muros de piedra construidos a mano y terrazas. En los nueve hoyos traseros, el terreno es más llano y está rodeado de palmeras y lagos artificiales. Aquí darás con el complicado hoyo 17, con un *green* en una isla como objetivo. El campo fue diseñado por Robin Nelson y Rodney Wright, y se inauguró en 1991 con el nombre de Bali Golf & Country Club. Los arquitectos dirigieron también una renovación 20 años después, cuando pasó a llamarse Bali National Golf Club.

62   HANDARA GOLF & RESORT BALI

Desa Pancasari-Singaraja, Bali (Indonesia)

VISITA IMPRESCINDIBLE PORQUE

Se encuentra en el cráter de un volcán extinto.

18 HOYOS
CAMPO PÚBLICO

El campo fue diseñado por Peter Thomson, Michael Wolveridge y Ronald Fream e inaugurado en 1974. No existen muchos campos de golf situados en el cráter de un volcán extinto, así que, cuando se tiene la oportunidad de jugar en uno, hay que aprovecharla. En Handara Golf & Resort Bali hay un campo así, a una altura de unos 1140 m, lo cual lo convierte en el campo de golf más alto en una isla tropical, y con paisaje de montaña a juego. Gracias a su altitud, el campo tiene temperaturas frescas para jugar, ¡un respiro bienvenido en Bali!

www.handaragolfresort.com

63 **MERAPI GOLF YOGYAKARTA**

Jl. Golf No 1 Kepuharjo, Cangkringan,
Kab. Sleman – Yogyakarta 55281 (Indonesia)

VISITA IMPRESCINDIBLE PORQUE

Aquí el césped se extiende por antiguos flujos de lava.

18 HOYOS
CAMPO PÚBLICO

El monte Merapi, en la isla de Java, es el volcán más antiguo de Indonesia, y ha entrado en erupción cada pocos años desde 2006, por no mencionar las docenas de veces que entró en erupción en los siglos XIX y XX. Esto no ha impedido la construcción de un campo de golf a solo 8 km. Merapi Golf, diseñado por la empresa Thomson, Wolveridge & Perrett, se encuentra entre la ciudad de Yogyakarta y el volcán, y ofrece a los jugadores vistas absolutamente magníficas del cono, que resultan aún más imponentes cuando el Merapi emite nubes sutiles de humo y ceniza. Por supuesto, las grandes erupciones suponen una amenaza real, por lo que el campo cierra sus puertas en tales casos.

www.merapigolf.co.id/

64 THE ELS CLUB TELUK DATAI: RAINFOREST

Jalan Teluk Datai, 07000 Pulau Langkawi,
Kedah Darul Aman (Malasia)

VISITA IMPRESCINDIBLE
PORQUE

El entorno en la selva
tropical, entre la playa
y las montañas, le da
un aire casi místico.

18 HOYOS
CAMPO PÚBLICO

La marca de golf Els Club, fundada por el golfista Ernie Els, tiene filiales en Dubái y Copperleaf, pero sus remotos campos en Malasia son los que hay que ver. En particular, el Rainforest Course del Els Club Teluk Datai, en la isla de Langkawi, ofrece uno de los mejores escenarios tropicales para el golf. Los 18 hoyos están entre los montes Mat Cincang y el mar turquesa de Andamán, en una exuberante selva tropical, con arroyos que corren junto a los tramos de césped y cinco de los hoyos al borde del océano. Curiosamente, en este campo de golf no hay búnkeres, pues las tormentas tropicales los borrarían, y los obstáculos consisten en árboles y zanjas cubiertas de hierba.

65   MOUNT KINABALU GOLF CLUB

Jalan Cinta Mata Mesilou, 89308 Kundasang,
Sabah (Malasia)

VISITA IMPRESCINDIBLE
PORQUE

En un día de niebla,
te sentirás como si
estuvieras jugando
entre las nubes.

18 HOYOS
CAMPO PÚBLICO

Con sus 4095 m, el monte Kinabalu, declarado Patrimonio de la Humanidad por la Unesco, es la montaña más alta de Malasia, situada en la isla de Borneo. Entre toda la biodiversidad de sus laderas hay incluso un campo de golf, diseñado por Robert Muir Graves. El hoyo más famoso del club es el 14, donde los golfistas tienen que salvar un barranco profundo para llegar al *green* al otro lado. A primera hora de la mañana, el campo suele estar cubierto por la neblina, lo cual da la sensación de estar jugando entre las nubes… De hecho, a 1525 m de altura, ¡uno está entre las nubes!

66 ROYAL SELANGOR GOLF CLUB: OLD

Jalan Kelab Golf, Off Jalan Tun Razak
55000 Kuala Lumpur (Malasia)

VISITA IMPRESCINDIBLE
PORQUE

El Royal Selangor, uno de los clubes más antiguos de Asia, está en pleno centro de Kuala Lumpur, con las Torres Petronas como telón de fondo.

2 CAMPOS DE 18 HOYOS
Y UNO DE 9 HOYOS
CAMPO SEMIPRIVADO

Los campos de golf suelen estar en plena naturaleza, rodeados de paisajes arrebatadores. Al fin y al cabo, se necesita mucho terreno para construir un campo. El Royal Selangor Golf Club, sin embargo, está en medio de la ciudad, y eso se debe a que la ciudad moderna creció a su alrededor. El club, fundado en 1893, es uno de los más antiguos de Asia, aunque los terrenos actuales no están en la ubicación original. Cuando el Ayuntamiento de Kuala Lumpur decidió convertir los terrenos del Royal Selangor en parque, el club negoció un lucrativo acuerdo que estableció su nuevo hogar en 1921. El Old Course es el más prestigioso de los dos campos de 18 hoyos y ha albergado la sede del Abierto de Malasia inaugural, entre otros muchos torneos. El club solo está abierto a los socios y sus invitados, pero algunos hoteles pueden reservar *tee times* para sus clientes.

67 TEMPLER PARK COUNTRY CLUB

KM21 Jalan Rawang 48000 Rawang,
Selangor Darul Ehsan (Malasia)

VISITA IMPRESCINDIBLE
PORQUE

**Los acantilados
de caliza son todo
un espectáculo.**

18 HOYOS
CAMPO PÚBLICO

A solo 45 minutos en coche de Kuala Lumpur está el Templer Park Country Club, un magnífico campo de golf junto a la Reserva Forestal Templer Park. Su punto focal es el característico «monte» Bukit Takun, un monolito de piedra de un millón de años de antigüedad, predilecto de los escaladores. Fue diseñado por dos leyendas japonesas del golf, el jugador Masashi «Jumbo» Ozaki y el arquitecto Kentaro Sato, quienes plantearon un desafiante trazado que acogió el Abierto de Malasia tres veces desde que se fundó el club en 1990. Cuenta también con los tradicionales *onsen* (baños termales) japoneses, que invitan a los golfistas a sumergirse en las cálidas y reconfortantes aguas de las colinas de piedra caliza.

68   TPC KUALA LUMPUR: OESTE

10, Jalan 1/70D, Off Jalan Bukit Kiara, 60000,
Kuala Lumpur (Malasia)

VISITA IMPRESCINDIBLE
PORQUE

**Es un lugar muy
popular para los
torneos nacionales
e internacionales
de Malasia.**

18 HOYOS
CAMPO PÚBLICO

Antes conocido como Kuala Lumpur Golf & Country Club, el TPC Kuala Lumpur es uno de los complejos más destacados de Malasia, ubicado justo fuera de la ciudad, en los montes Bukit Kiara. El Campo Oeste, ligeramente más difícil que su campo compañero, el Este, fue diseñado en origen por Nelson & Haworth, y luego completamente reformado por Parslow and Associates en 2008. Desde que el Abierto de Malasia se convirtió en el primer torneo copatrocinado entre los circuitos europeo y asiático en 1999, el evento se ha celebrado en el TPC Kuala Lumpur nada menos que siete veces. El campo ha acogido también cinco CIMB Classics, el primer torneo copatrocinado por el PGA Tour y el Asian Tour.

69 EDUCATION CITY GOLF CLUB

Education City – Al Rayyan Road P. O. Box 12182 – Doha (Catar)

VISITA IMPRESCINDIBLE PORQUE

Siempre es divertido jugar al golf en un entorno desértico, y este campo catarí no es una excepción.

UN CAMPO DE 18 HOYOS, UNO DE 9 HOYOS Y UNO DE 6 HOYOS CAMPO PÚBLICO

Education City, en Catar, es una tierra de maravillas del saber en el sentido más amplio. Alberga 20 escuelas y universidades, pero también centros de investigación, una biblioteca pública y un museo de arte. También puedes pulir aquí tu *swing* en el Education City Golf Club, un centro golfístico de lo más completo diseñado tanto para principiantes como para profesionales. Si no te hace falta acudir a clases, puedes simplemente jugar en el campo de categoría de campeonato de 18 hoyos, diseñado por el golfista español José María Olazábal e iluminado por focos para las rondas nocturnas. (En Doha hace calor, por lo que ayuda jugar de noche.) En 2020, el club acogió el Masters de Catar.

70   MARINA BAY GOLF COURSE

80 Rhu Cross, Singapur 437437 (Singapur)

Singapur es una isla muy pequeña, de unos 712 km², y, aunque aproximadamente el 50 % de esa superficie sea espacio verde, los campos de golf no ocupan un lugar muy destacado en la jerarquía de las zonas verdes. Diseñado por Phil Jacobs e inaugurado en 2006, el Marina Bay Golf Course es el único campo público de 18 hoyos del país. De hecho, se trata de dos campos: en 2019 se reconfiguró de manera que los golfistas puedan hacer dos recorridos distintos en los mismos hoyos, Course A y Course B. También alberga el único hoyo par 6 de Singapur, a unos impresionantes 651 m del *tee* trasero.

71

SENTOSA GOLF CLUB: SERAPONG

27 Bukit Manis Road, Singapur 099892 (Singapur)

VISITA IMPRESCINDIBLE PORQUE

El tercer hoyo ofrece amplias vistas del puerto y el horizonte de Singapur.

18 HOYOS
CAMPO PÚBLICO

La isla de Sentosa, en Singapur, antaño base militar, es hoy un gran centro turístico, con dos campos de golf en el Sentosa Golf Club. El Serapong Course, que fue inaugurado en 1982, es aquí el peso pesado, diseñado por el arquitecto estadounidense Ronald Fream, quien transformó un antiguo manglar en el exuberante césped que hoy se ve. Fue renovado en 2006 por el Bates Golf Design Group, y de nuevo en 2021 bajo la dirección de Andrew Johnston, contribuyendo ambos a que el campo figure en muchas de las listas más destacadas del mundo. El Serapong es conocido como sede del Abierto de Singapur (desde 2005) y por sus asombrosas vistas del horizonte de Singapur, sobre todo desde el tercer hoyo.

www.sentosagolf.com/the-serapong

72 JUNGMUN GOLF CLUB

2101, Saekdal-dong, Seogwipo-si, Jeju-do
(Corea del Sur)

VISITA IMPRESCINDIBLE
PORQUE

Las vistas de los acantilados desde los nueve hoyos delanteros son espectaculares.

18 HOYOS
CAMPO PÚBLICO

Hasta la década de 1980 no había campos públicos de golf en Corea del Sur, pero el país ha desarrollado un apetito voraz por este deporte, y se están construyendo nuevos campos más accesibles por todo el país. Uno de los primeros fue el Jungmun Golf Club, en la isla de Jeju, un popular destino vacacional conocido por su geología volcánica. Los hoyos exteriores de Jungmun están sobre un acantilado formado por lava bastante antigua (el volcán de Jeju, el Halla, no ha entrado en erupción en más de mil años), por lo que ofrecen unas vistas impresionantes. Hacia el interior se juega entre pinos y palmeras.

www.visitjeju.net/en

73   VICTORIA GOLF & COUNTRY RESORT

Digana 20180, Digana (Sri Lanka)

VISITA IMPRESCINDIBLE PORQUE

Este campo construido a mano es uno de los más impresionantes de Sri Lanka.

18 HOYOS
CAMPO PÚBLICO

Los británicos llevaron el golf a Sri Lanka en el siglo XIX, pero el juego no llegó a despegar de verdad hasta las últimas décadas. El Victoria Golf & Country Resort abrió el tercer campo del país en 1998, y sigue siendo alabado como uno de los mejores de Sri Lanka. Quizá lo más impresionante sea que el campo es en gran parte natural, con la mayoría de las alteraciones hechas a mano en lugar de con maquinaria, algo casi inaudito en la construcción moderna de campos de golf. Cuando juegues aquí, disfruta del magnífico entorno, con enormes árboles a lo largo del campo y con las montañas Kandyan a lo lejos. La vista desde el hoyo 6, sobre la presa Victoria, es particularmente impresionante.

74   **AYODHYA LINKS**

199 Moo 10, Boh Talo, Wangnoi,
Ayutthaya 13170 (Tailandia)

Hay muchos campos de golf exclusivos para socios, pero relativamente pocos en los que ser socio requiera invitación. Ayodhya Links, en las afueras de Bangkok, es uno de ellos. Este ultraexclusivo club se fundó en 2007 y su campo fue diseñado por Peter Thomson, Ross Perrett y Tim Lobb, con retoques finales de la mano del fundador y presidente del club, Pitak Intrawityanunt, quien rediseñó los hoyos tras una gran inundación en 2011. Aunque pocas personas ajenas al club hayan jugado aquí –el número de socios es limitado, y solo pueden jugar los invitados de los socios actuales–, el diseño ha sido muy elogiado por los afortunados que han conseguido jugar aquí una ronda. Así que, si quieres ser uno de ellos, tendrás que ir haciendo algunos nuevos amigos.

www.ayodhyalinks.com

75 BLACK MOUNTAIN GOLF CLUB

565 Moo 7, Nong Hieng Road, Hin LekFai,
Hua Hin, Prachaubkirikhan 77110 (Tailandia)

VISITA IMPRESCINDIBLE PORQUE

Con tres campos de nueve hoyos, puedes improvisar tu propia ronda de dieciocho.

27 HOYOS
CAMPO PÚBLICO

Cuando el Black Mountain Golf Club –situado en antiguos campos de piñas– abrió sus puertas en 2007, contaba con un campo clásico de 18 hoyos diseñado por el australiano Phil Ryan. En 2016, el fundador del club Stig Notlov y el golfista Johan Edfors añadieron otros nueve hoyos. Hoy se puede elegir entre los nueve delanteros originales (Este), los nueve traseros originales (Norte) y los hoyos nuevos (Oeste), y así crear un itinerario propio para una ronda completa. Sea cual sea la combinación que elijas, te garantizamos que disfrutarás de los exuberantes paisajes que rodean los campos, por no mencionar el golf de alto nivel.

76 SIAM COUNTRY CLUB: OLD COURSE

50/6 Moo 9, T. Pong, A. Banglamung,
Chonburi 20150 (Tailandia)

VISITA IMPRESCINDIBLE
PORQUE

Alberga el «Amen Corner» tailandés.

18 HOYOS
CAMPO PÚBLICO

Aunque en Tailandia se juega al golf desde hace más de un siglo, el deporte ha ganado en popularidad entre los golfistas locales e internacionales a lo largo de los últimos cincuenta años. Construido en 1971 a las afueras de la ciudad de Pattaya, el Siam Country Club's Old Course –no tan antiguo en el contexto del golf, pese a su nombre– fue uno de los primeros campos de la era golfística moderna en Tailandia, diseñado por el arquitecto japonés Ichisuke Izumi. Fue objeto de una gran renovación por parte de Lee Schmidt y Brian Curley en 2007, y desde 2010 ha acogido el torneo LPGA Honda Classic. Los cuatro hoyos finales se consideran el «Amen Corner» de Tailandia, en alusión al tramo de tres hoyos en el Augusta National Golf Club de Estados Unidos.

77 DUBAI CREEK GOLF & YACHT CLUB: CHAMPIONSHIP

Baniyas Road, Port Saeed, Dubái (Emiratos Árabes Unidos)

Siendo un campo de golf en el desierto, no es habitual que el agua ocupe un papel tan destacado en su diseño, pero ese es exactamente el caso del Dubai Creek Golf & Yacht Club's Championship Course, inaugurado en 1993. El *creek* («arroyo») del nombre afecta a cuatro hoyos, entre ellos el sexto, donde los jugadores parten de una plataforma sobre el agua; además, lagos artificiales añaden dificultad a otros hoyos, gracias al diseñador y golfista Karl Litten, arquitecto original del proyecto encargado también de la renovación de 2004. El campo ofrece magníficas vistas desde cualquier punto: hacia el agua, hacia los rascacielos de la ciudad o hacia la casa club en forma de vela, que refleja el vínculo con el arroyo.

www.dubaicreekresort.com/dubai-creek-golf-club/

78   EMIRATES GOLF CLUB: MAJLIS

17/2, Al Naseem Street Emirates Golf Club, Al Thanyah 3,
Hadaeq Mohammed Bin Rashid, Dubái (Emiratos Árabes Unidos)

VISITA IMPRESCINDIBLE
PORQUE

**Antes de que este
club abriera sus
puertas en 1988,
no había campos
de golf de hierba de
18 hoyos en Oriente
Próximo.**

18 HOYOS
CAMPO PÚBLICO

Antes de 1988, en el actual emplazamiento del Emirates Golf Club no había
más que dunas desérticas. Hoy abunda la vegetación en forma de campos y
greens. El Majlis Course del club fue el primer campo de hierba para campeonatos en todo Oriente Próximo, diseñado por Karl Litten con el apoyo
de su alteza el jeque Muhammad bin Rashid Al Maktum. Sin embargo, no
es hierba lo único que crece en el campo: a petición del jeque, el Majlis
Course también cuenta con varias plantas autóctonas. En 2021, el campo
fue objeto de una renovación, con la que se expandieron los *greens* y se in-
corporaron nuevos elementos sostenibles para cumplir con los criterios de
la United States Golf Association (USGA).

www.dubaigolf.com/emirates-golf-club.aspx

79   BA NA HILLS GOLF CLUB

Bà Nà – Suối Mơ, Hòa Vang, Da Nang,
550000 (Vietnam)

VISITA IMPRESCINDIBLE PORQUE

Muestra a la perfección el esplendor de los campos del interior de Vietnam.

18 HOYOS
CAMPO PÚBLICO

Muchos de los campos de golf de Vietnam se encuentran junto al mar, lo cual tiene mucho sentido teniendo en cuenta los 3220 km de costa del país, pero se han ido construyendo otros en el interior del país, entre ellos el espectacular Ba Na Hills Golf Club. Inaugurado en 2016, el campo –el primero de Luke Donald en Asia– está a una hora por carretera de la ciudad costera de Da Nang, donde el terreno comienza a elevarse hacia la cordillera Annamita. Aquí no sentirás la brisa fresca del mar, pero, gracias a los focos del campo, es posible jugar de noche, cuando hace menos calor. Tampoco vas a disfrutar de las espectaculares vistas de las montañas y los valles, y, por tanto, quizá jugar al anochecer sea lo ideal.

80 DAI LAI STAR GOLF & COUNTRY CLUB

Ngoc Thanh, Phúc Yên, Provincia de Vinh Phuc (Vietnam)

VISITA IMPRESCINDIBLE PORQUE

A solo una hora de Hanoi, este es un campo de golf de primera categoría a orillas de un lago.

18 HOYOS
CAMPO PÚBLICO

Jugando una ronda en el Dai Lai Star Golf & Country Club nadie diría que está a solo una hora de Hanoi. El campo se encuentra a orillas del lago Dai Lai, a la sombra del monte Ngoc Thanh, una localización algo inusual para un campo vietnamita, pues la mayoría de ellos están en la costa. Los nueve hoyos delanteros están entre el bosque, y en los nueve traseros el lago es el rasgo predominante, aunque en realidad no sea un obstáculo tan serio. El principal reto lo plantean los búnkeres y *greens*, bastante grandes.

dailaigolf.com.vn

81   KN GOLF LINKS CAM RANH: THE LINKS

Long Beach, península de Cam Ranh,
provincia de Khanh Hoa (Vietnam)

VISITA IMPRESCINDIBLE PORQUE

Los jugadores experimentan un cambio de altura de casi 50 m en las dunas de este campo.

18 HOYOS
CAMPO PÚBLICO

Por un instante, una mirada rápida a los *links* del KN Golf Links podría hacerte creer que estás en la otra punta del planeta, en Escocia. Greg Norman diseñó este campo estilo *links* para que encajara a la perfección con las dunas del paisaje natural costero, que hacen a los jugadores salvar un desnivel de casi 50 m entre los puntos más altos y los más bajos. Destacan los hoyos 10 y 15, que se juegan cuesta abajo hacia el azul del mar de la China Meridional. Inaugurado en 2018, este es uno de los campos más nuevos de Vietnam.

82   LAGUNA GOLF LĂNG CÔ

Cu Du, comuna de Lôc Vĩnh, distrito de Phú Lôc,
provincia de Thua Thien Hue (Vietnam)

VISITA IMPRESCINDIBLE
PORQUE

**En este campo
de golf ecológico
encontrarás selva,
arrozales y playas.**

18 HOYOS
CAMPO PÚBLICO

En 2013, el golfista sir Nick Faldo inauguró el campo de nivel de campeonatos Laguna Golf Lăng Cô, como propietario y también como diseñador. Situado en la jungla y las dunas de arena entre el mar y la montaña, el entorno es magnífico, y los hoyos, desafiantes. En conjunto, el campo es más bien del tipo *links*, con un trazado de subida y bajada que otorga gran protagonismo a la tierra, incluidos los arrozales, cuyas cosechas se donan principalmente a las familias de la zona. Uno de los aspectos más impresionantes del Laguna Golf Lăng Cô es su compromiso con la sostenibilidad. Los plásticos de un solo uso están prohibidos, y del mantenimiento del césped se encargan búfalos de agua. El campo logró el certificado EarthCheck Gold en 2019.

      www.lagunalangco.com/en/golf/

83 VINPEARL GOLF NHA TRANG

Isla de Hon Tre, distrito de Vinh Nguyen,
Nha Trang, provincia de Khanh Hoa (Vietnam)

VISITA IMPRESCINDIBLE PORQUE

Las vistas de este campo de golf isleño son la razón de la popularidad de los campos costeros de Vietnam.

18 HOYOS
CAMPO PÚBLICO

El popular destino vacacional de Nha Trang, en Vietnam, cuenta con varios campos de golf, pero uno de los más espectaculares es el Vinpearl Nha Trang. Diseñado por IMG, se encuentra en la isla de Hon Tre, lo que significa que para llegar hasta allí hay que tomar el teleférico (que cruza la bahía sujeto por estructuras que recuerdan a la torre Eiffel) o ir en barco, pero todo ello es parte de la diversión, según cuentan los jugadores. El campo es uno de los mejores de la zona, y desafía a los golfistas a jugar a través de varios lagos, con la bahía y las montañas como telón de fondo.

84 GOLF CLUB WILDER KAISER

Auerbichl 2, 6352 Ellmau (Austria)

Puedes combinar dos de los tres campos de nueve hoyos para disfrutar de una ronda completa.

3 CAMPOS DE 9 HOYOS
CAMPO PÚBLICO

Ubicado en los montes Káiser de Austria, no sorprende que el Golf Club Wilder Kaiser sea un complejo de montaña con vistas panorámicas. Sin embargo, lo que hace que este campo destaque entre sus vecinos alpinos es el hecho de contar con tres campos de nueve hoyos a lo largo de 89 hectáreas, lo cual permite a los jugadores combinarlos para jugar una ronda completa. La variedad hace que los golfistas vuelvan aquí una y otra vez, ¡y las vistas a la montaña tampoco estorban! Como otros campos cercanos, Wilder Kaiser se asienta en un valle, y la topografía relativamente llana resulta en un juego relajado.

85 ROYAL LIMBURG GOLF CLUB

Golfstraat 1, 3530 Houthalen-Helchteren (Bélgica)

Los brezos morados florecen por todo el campo a finales de verano y principios de otoño.

18 HOYOS
CAMPO PÚBLICO

El verde es el color del golf por excelencia, pero en el Royal Limburg Golf Club, en Houthalen, el color morado se impone, al menos durante varios meses al año. El campo, en el que predominan los brezos, está situado en parte en la reserva natural de Tenhaagdoornheide y en parte en un bosque de pinos y abedules, pero lo más destacado del paisaje son los campos de brezo, que florecen entre finales de julio y principios de septiembre, tiñendo el campo de un precioso tono morado. El Royal Limburg fue fundado en 1966 por los habitantes de Limburgo, que encargaron su diseño al arquitecto británico Fred Hawtree. Los 18 hoyos se completaron en 1972.

www.klgc.be/

86 THRACIAN CLIFFS GOLF & BEACH RESORT

9656 Bozhurets, Kavarna (Bulgaria)

VISITA IMPRESCINDIBLE PORQUE

Los acantilados blancos que bordean la costa son dignos de ver.

18 HOYOS
CAMPO PÚBLICO

Puede que el cabo Kaliakra, en la costa búlgara del mar Negro, no resulte familiar a los golfistas ocasionales de fuera de Europa, pero su popularidad no ha dejado de crecer entre los aficionados al golf. El campo de referencia de esta zona es el Thracian Cliffs, gracias a los blancos acantilados que bordean la costa y que aportan un imponente fondo al campo, diseñado por el golfista sudafricano Gary Player. El hoyo más fotogénico es el sexto, en el que el *green* llega hasta el borde mismo del acantilado. Si bien hermoso, este hoyo es algo complicado. «No es buena idea usar el lado izquierdo del *green*: al acantilado le gusta tragarse las pelotas», advierte la página web del complejo.

www.thracialiffs.com/golf.php

87 CHAMONIX GOLF CLUB

35 Route du Golf, 74400 Chamonix-Mont-Blanc (Francia)

VISITA IMPRESCINDIBLE PORQUE

Jugarás bajo los abrumadores Mont Blanc y las Agujas Rojas.

18 HOYOS
CAMPO PÚBLICO

El principal atractivo en Chamonix son, sin duda, las montañas. Los más intrépidos pueden intentar escalar la Aiguille du Midi, mientras que otros se contentarán con un poco de esquí a la antigua usanza. Además, aquí el verano ofrece también la ocasión de jugar en el Golf Club de Chamonix. Aunque el campo es llano en su mayor parte, asentado en el valle entre los picos, no tiene un trazado fácil: en el primer hoyo es necesario salvar dos obstáculos de agua. Pon a prueba tu habilidad durante los pocos meses al año en que el campo está abierto (en invierno está cubierto de nieve y se utiliza para esquiar). Para una perspectiva algo distinta del Mont Blanc, juega una ronda en Courmayeur, en la vertiente italiana de la montaña.

www.golfdechamonix.com/fr

88 GOLF BLUEGREEN PLÉNEUF-VAL-ANDRÉ

Rue de la Plage des Vallées, 22370 Pléneuf-Val-André (Francia)

El paisaje de la
región francesa
de Bretaña es
deliciosamente
pintoresco.

18 HOYOS
CAMPO PÚBLICO

Con acantilados que se precipitan hasta la arena de las playas y con el canal de la Mancha al fondo, el diseñador Alain Prat tuvo mucho con lo que trabajar al crear el atractivo campo de Pléneuf-Val-André para la empresa Bluegreen. Pero no hay que dejarse engañar por el idílico paisaje: vientos fuertes cargados de rocío pueden echar por tierra los planes del golfista más avezado, por lo que jugar aquí puede resultar un desafío excepcional, sobre todo en el hoyo de referencia, el 11, en el que el *tee* trasero está al borde de un acantilado y se juega en paralelo al agua.

89 GOLF D'ÉTRETAT

Route du Havre, F-76790 Étretat (Francia)

Hay muchos campos de golf construidos sobre acantilados, pero no acantilados como estos.

18 HOYOS
CAMPO PÚBLICO

El hoyo 10 del Golf d'Étretat, en Normandía, es imponente. Esta localidad costera es conocida por sus acantilados blancos que miran al canal de la Mancha, y el hoyo llega al borde mismo. El campo original fue diseñado en 1908 por Bernard Forbes, octavo conde de Granard, y tenía solo trece hoyos, de los que cinco se jugaban dos veces. El campo se amplió y completó después de la Primera Guerra Mundial, y durante la Segunda Guerra Mundial sus terrenos se llenaron de minas. El Golf d'Étretat reabrió sus puertas en 1949, y desde entonces acoge por igual a golfistas franceses e internacionales.

90 LE GOLF NATIONAL: ALBATROS

Avenue du Golf 2, CS40549, 78286 Guyancourt (Francia)

Este campo ha acogido el Abierto de Francia todos los años, salvo dos, desde 1991.

18 HOYOS
CAMPO PÚBLICO

Aunque no seas un profesional del golf, puedes sentirte como tal si jugando en el Albatros de Le Golf National, que acoge el venerable Abierto de Francia desde 1991 (salvo en dos de sus ediciones). El campo, de estilo estadio, está a las afueras de París, cerca de Versalles, y tiene capacidad para 80 000 espectadores; no obstante, aunque no haya tantos durante tu visita, sentirás igualmente su grandeza. Como el terreno en esta parte de Francia es bastante llano, los arquitectos Hubert Chesneau y Robert von Hagge trajeron un montón de tierra en camiones para darle relieve al campo, ya que disponían de carta blanca para realizar el diseño de sus sueños.

91 GOLF DE SPÉRONE

Domaine de Spérone, 20169 Bonifacio, Córcega (Francia)

VISITA IMPRESCINDIBLE PORQUE

Este campo corso tiene lo mejor de las playas del Mediterráneo, acantilados calcáreos y fragantes matorrales.

18 HOYOS
CAMPO PÚBLICO

El paisaje tiene un papel fundamental en cualquier campo de golf, pero el entorno natural de la isla de Córcega despierta verdaderamente los sentidos. Esto es lo que hace del Golf de Spérone, diseñado por el legendario Robert Trent Jones Sr., un lugar tan atractivo para jugar. Desde el punto de vista visual, las aguas turquesas y los acantilados blancos, con las olas del mar como telón de fondo, son un regalo para la vista. El campo está rodeado de maquis, o matorral, como lavanda, tomillo y romero, cuya fragancia transporta la brisa hasta el campo de juego. Los nueve hoyos traseros son los que tienen mejores vistas, destacando el hoyo de referencia, el 16, un par 5 que permite golpear la pelota dos veces por encima del Mediterráneo.

www.golfdesperone.com

92 COSTA NAVARINO: THE DUNES

Dunas de Navarino, Mesenia, Costa Navarino 24001 (Grecia)

Este campo inauguró una nueva era del golf en Grecia.

18 HOYOS
CAMPO PÚBLICO

A diferencia de los países del oeste del Mediterráneo, Grecia no es un verdadero destino golfístico, pero eso ha cambiado con el complejo de Costa Navarino, y en particular con el campo The Dunes. Inaugurado en 2010, The Dunes fue el primer campo de golf de referencia del país, con un diseño de Bernhard Langer. (Su campo hermano, The Bay, fue diseñado por Robert Trent Jones Jr.) Hay algunos elementos de estilo *links* por el campo, concretamente algunas dunas artificiales y brisas marinas ocasionales; sin embargo, los olivos y los árboles de cítricos dejan muy claro que esto es el Mediterráneo, y no el Atlántico norte. Una advertencia: tanto el terreno como los *greens* son engañosamente grandes aquí. Es fácil perder una pelota larga entre la vegetación, y las superficies para el *putt* son más dinámicas de lo que podrías esperar.

93 BORGARNES GOLF COURSE

Golfklúbbur Borgarness, Hamar, 310 Borgarnes (Islandia)

VISITA IMPRESCINDIBLE PORQUE

Este es el único complejo de golf de Islandia (entre muchos campos de golf).

18 HOYOS
CAMPO PÚBLICO

Para ser un campo de golf relativamente joven, el Borgarnes ha visto bastantes cambios a lo largo de los años. Se construyó en 1976 con nueve hoyos, una ampliación de los tres hoyos que los residentes del pueblo de Borgarnes habían construido previamente. Creció hasta los nueve en 1987, y en 1998 fue rediseñado por completo. El campo actual se completó en 2007, y cuenta con alojamientos y restaurantes (el club se anuncia como el único complejo de golf de Islandia). Pero hay algo que no ha cambiado en absoluto en las últimas décadas: su magnífico entorno natural. Situado a una hora de Reikiavik, el Borgarnes presume de sus espectaculares vistas de las montañas y el mar.

www.golficeland.org/introduction/borgarnes-golf-course/

94   KEILIR GOLF CLUB

Steinholt 1, 220 Hafnarfjörður (Islandia)

VISITA IMPRESCINDIBLE
PORQUE

**Las vistas de
los glaciares son
espectaculares.**

18 HOYOS
CAMPO PÚBLICO

Con demasiada frecuencia, la gente supone que Islandia es un destino helado, y no es que falten los inviernos nevados ni abundantes glaciares, pero el clima aquí es generalmente suave, sobre todo en verano, cuando a los islandeses les encanta jugar al golf. Hay más de 60 campos en este pequeño país insular, y algunos están abiertos las 24 horas (¡el sol no se pone en Islandia durante el verano!). El más destacado es el Keilir, campo de *links* entre la capital, Reikiavik, y el aeropuerto de Keflavik. Allí, los nueve hoyos delanteros atraviesan un antiguo campo de lava, mientras que los nueve traseros están en una península junto al puerto de Hafnarfjörður, con vistas al glaciar de Snæfellsjökull. El golfista local Magnus Gudmundsson diseñó el campo original de nueve hoyos en 1967, que luego fue ampliado por los diseñadores Nils Skjöld (sueco) y Hannes Thorsteinsson (islandés), y renovado por la empresa inglesa Mackenzie & Ebert.

english.keilir.is/

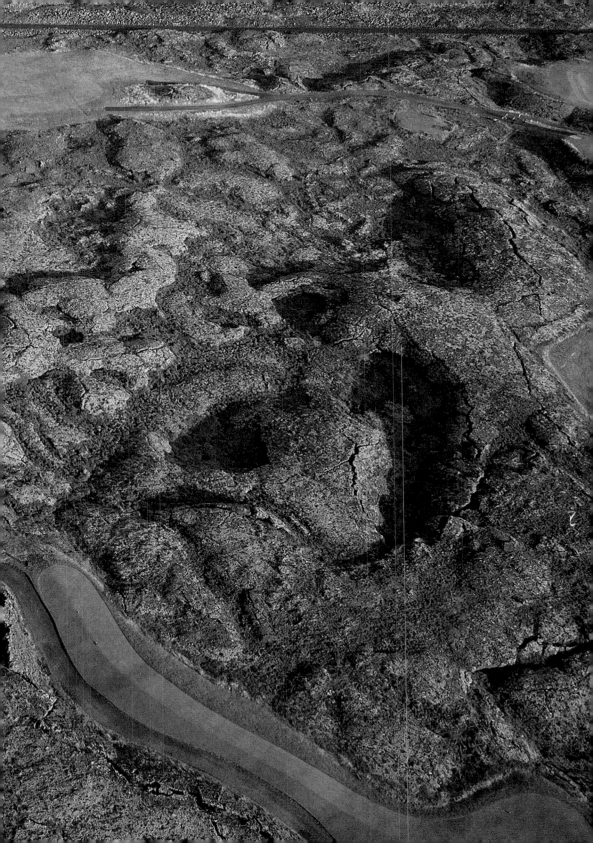

95 GOLFKLÚBBUR VESTMANNAEYJA

Golfklúbbur Vestmannaeyja, Hamarsvegur,
900 Vestmannaeyjabær (Islandia)

**Jugarás al golf en
un antiguo volcán.**

18 HOYOS
CAMPO PÚBLICO

Islandia es la tierra del fuego y el hielo, pero, cuando juegas en el Golfklúbbur Vestmannaeyja de la isla de Heimaey, en las islas Vestman, el asunto trata desde luego más de fuego que de hielo, o así era antes, al menos, pues el campo se construyó en un antiguo volcán. Ese volcán está extinto, así que no hay que preocuparse por emisiones de lava. (Un volcán vecino en la isla sí entró en erupción en 1973.) Merece la pena disfrutar del paisaje de los alrededores e incluso echar un vistazo a los millones de frailecillos que anidan aquí. Dicho eso, ten presentes dos factores locales: aquí los vientos pueden ser implacables y, además, hay que vérselas con escarpados acantilados. Fundado en 1938, es uno de los campos más antiguos de Islandia, y a principios de junio acoge el Volcano Open, que conmemora el final de la erupción de 1973.

96   BALLYBUNION GOLF CLUB: OLD

Sandhill Road, Ballybunion, County Kerry (Irlanda)

VISITA IMPRESCINDIBLE
PORQUE

**Lo que antes fue
un campo de *links*
desconocido se ha
convertido en uno
de los campos más
buscados del mundo.**

18 HOYOS
CAMPO PÚBLICO

Cuando se inauguró el Ballybunion en 1893 entre las dunas del condado de Kerry, en Irlanda, la gente del lugar lo veía como un tesoro, pero tuvo entonces poco éxito internacional. Sin embargo, el Old Course acogió el Irish Amateur Close Championship en 1937, tras una renovación realizada por el arquitecto inglés Tom Simpson y la campeona de golf inglesa Molly Gourlay, que en gran medida sigue vigente hoy. En la década de 1960 era un campo poco conocido pero ya muy apreciado, al menos entre la élite golfística. En 1982, el jugador Tom Watson afirmó: «Nadie puede llamarse golfista hasta jugar en Ballybunion; ¡se diría que el juego se originó allí!». Desde entonces, la sed de los golfistas por las ventosas dunas de Ballybunion ha sido insaciable.

www.ballybuniongolfclub.com

97 LAHINCH GOLF CLUB: OLD

Lahinch, County Clare (Irlanda)

VISITA IMPRESCINDIBLE
PORQUE

**Las cabras predicen
el tiempo en este
histórico campo
de golf irlandés.**

18 HOYOS
CAMPO PÚBLICO

En 1892, el regimiento británico Black Watch recibió el encargo de encontrar en Irlanda las dunas para un campo de golf. Dieron con Lahinch, donde construyeron 18 hoyos, más tarde rediseñados por el golfista escocés Old Tom Morris y el médico y diseñador de campos escocés Alister MacKenzie. Old Tom Morris lo llamó «el mejor campo natural que he visto nunca», una opinión que sigue siendo válida más de 125 años después. Una de las peculiaridades de este campo es su rebaño de cabras, capaces de predecir el tiempo. Según la tradición del club, los golfistas podían anticiparse a las condiciones atmosféricas observando a las cabras: si iban a ser adversas se quedaban cerca de la casa club, y en los días buenos salían por el campo.

98   OLD HEAD GOLF LINKS

Kinsale, County Cork (Irlanda)

Aparte del golf, la zona del Old Head es extraordinariamente rica en historia, fauna y flora, todo lo cual se suma a la experiencia de jugar allí.

18 HOYOS
CAMPO SEMIPRIVADO

El promontorio en forma de rombo característico de este campo es bien antiguo. Geológicamente, tiene cientos de millones de años, ¿pero en cuanto a historia humana? Digamos simplemente que el polímata griego Ptolomeo dibujó Old Head en uno de sus mapas en el año 100 d. C. (por no mencionar los artefactos de hace 6000 años que se han encontrado allí). El campo en sí es relativamente nuevo, pues se inauguró en 1997. Diseñado por un equipo de destacados golfistas, el campo se abre paso a través del espectacular paisaje de acantilados, a más de 90 m sobre el Atlántico, junto al viejo castillo y el pintoresco faro. Old Head es también una zona de cría de aves marinas, donde anidan más de 60 especies, y un parque botánico con más de 110 plantas nativas.

99 PORTMARNOCK GOLF CLUB: CHAMPIONSHIP

Golf Links Road, Portmarnock, Dublín,
condado de Dublín (Irlanda)

VISITA IMPRESCINDIBLE PORQUE

El primer Abierto de Irlanda se disputó en estos *links*, en el que han jugado y disfrutado muchos de los grandes del golf.

27 HOYOS
CAMPO PÚBLICO

En 1893, los terrenos del actual Portmarnock Golf Club eran solo una península remota en el mar de Irlanda accesible solo por barco. William Chalmers Pickeman y George Ross reconocieron su potencial como campo de golf, y un año después se inauguró uno de nueve hoyos, cuyo diseño fue supervisado por el campeón Mungo Park. Tras una ampliación posterior, acogió el primer Abierto de Irlanda en 1927, y a lo largo de los años ha atraído a los mejores golfistas del mundo, muchos de los cuales disfrutan de la exigencia de jugar en diversas direcciones en un campo que es en gran medida natural. En 2021, el club eliminó la política de afiliación exclusiva para hombres, norma que había estado vigente desde su fundación.

100 CERVINO GOLF CLUB

Via Circonvallazione 18, 11021 Breuil-Cervinia,
Valtournenche, Valle d'Aosta (Italia)

VISITA IMPRESCINDIBLE PORQUE

El emblemático monte Cervino observa cada golpe en este campo alpino.

18 HOYOS
CAMPO PÚBLICO

Si estás preparado para un desafío de altura mientras viajas por Europa, dirígete al Cervino Golf Club, en Italia. El campo está a una altura de más de 2040 m, a la sombra del monte Cervino. Fue diseñado por Donald Herradine en la década de 1950 y, si bien este campo de breve recorrido puede no ser el más difícil –no llega a los 5485 m, y la pelota viaja más lejos en el aire enrarecido–, tiene de las mejores vistas de montaña de Europa. Puede que veas marmotas mientras juegas, y trata de no canalizar tu Bill Murray interior como en la película sobre golf *El club de los chalados*.

101 GOLF CLUB ALTA BADIA

Strada Planac 9, 39033 Corvara in Badia,
Bolzano (Italia)

VISITA IMPRESCINDIBLE PORQUE

Es posible que los Dolomitas sean el telón de fondo más espectacular de Italia, si no de Europa.

9 HOYOS
CAMPO PÚBLICO

Técnicamente, los Dolomitas forman parte de los Alpes, pero el aspecto y el ambiente de esta parte más occidental de Italia son algo distintos de lo que encontrarás en el este, sobre todo en cuestión de campos de golf. En el Golf Club Alta Badia, situado a 1675 m de altura, cerca de la localidad de Corvara (como a veces se llama al campo), el paisaje es más abierto, aunque sigue flanqueado por montañas, bosques y prados. El campo, de solo nueve hoyos, se convierte en una pista de esquí cuando empieza a nevar, por lo que hay que contar con ligeras pendientes.

www.golfaltabadia.it/en/

102 GOLF CLUB CASTELFALFI: MONTAÑA

Località Castelfalfi, 50050 Montaione, Florencia (Italia)

Viñedos ondulados y un castillo medieval rodean este campo de postal.

18 HOYOS
CAMPO PÚBLICO

La Toscana es conocida por sus vinos, pero también está bien provista de campos de golf entre los viñedos y olivares. Uno de los más exquisitos es el Campo de Montaña del Club Castelfalfi, un terreno de nivel de campeonato con vistas al castillo medieval y a los viñedos circundantes. Como su nombre indica, aquí el terreno es montañoso, lo cual complica un poco el juego, pero solo en una medida razonable, por supuesto. Castelfalfi fue diseñado en origen por los arquitectos Rainer Preissmann y Wilfried Moroder en 1991, pero estos lo renovaron por completo en 2011. Aquí se presta gran atención al impacto ambiental del campo, lo cual le ganó la certificación ecológica GEO para *greens* «verdes». Entre otras técnicas de mantenimiento ecológicas, el club utiliza agua de lluvia recuperada para regar.

www.castelfalfi.com/en/golf-club/

103 GOLF CLUB COURMAYEUR ET GRANDES JORASSES

Località Le Pont, Val Ferret, 11013 Courmayeur (Italia)

Situado en el lado italiano del Mont Blanc, el Golf Club Courmayeur ofrece diversión para el verano en el Val Ferret. El campo de nueve hoyos (que puede jugarse dos veces para una ronda completa) fue fundado por el inglés Peter Gannon en la década de 1930, y renovado por Henry Cotton una década más tarde. Por aquel entonces, pocos se aventuraban en verano hasta las aldeas de montaña que visitaban en invierno para esquiar, pero hoy son muchos los que acuden a disfrutar del paisaje. Mientras juegas bajo los macizos del Mont Blanc y las Grandes Jorasses, atravesarás dos veces el río Dora. Para tener una perspectiva ligeramente distinta del Mont Blanc, juega una ronda en Chamonix en el lado francés de la montaña.

104 UNA POGGIO DEI MEDICI GOLF CLUB

Via di San Gavino 27, 50038 Scarperia e San Piero,
Florencia (Italia)

VISITA IMPRESCINDIBLE
PORQUE

**La casa club
perteneció a la
familia de los
Médici.**

18 HOYOS
CAMPO PÚBLICO

No ocurre con frecuencia que una casa club le robe protagonismo a un campo de golf, pero la del UNA Poggio dei Medici Golf Club podría romper todas las reglas, al ocupar un pabellón de caza del siglo XVI, la Villa di Cignano, que perteneció a la familia renacentista de los Médici. El campo de golf se inauguró mucho después, en 1992, con un diseño de Alvise Rossi Fioravanti y Baldovino Dassù, y, pese a la fascinante historia de la casa club, el campo mantiene realmente el tipo. El paisaje toscano ofrece dos crestas y tres valles al campo, que puede verse desde el pueblo medieval de Scarperia.

105 KONINKLIJKE HAAGSCHE GOLF & COUNTRY CLUB: ROYAL HAGUE

Groot Haesebroekseweg 22, 2243 EC Wassenaar (Países Bajos)

VISITA IMPRESCINDIBLE PORQUE

Si uno no lo supiera, podría parecer que este campo de la Europa continental está más bien en las islas británicas.

18 HOYOS
CAMPO SEMIPRIVADO

Las dunas del Koninklijke Haagsche's Royal Hague Course son la viva imagen del *linksland* de las islas británicas, salvo por los árboles de hoja caduca que hay aquí y allá. Sin embargo, estamos en la Europa continental, cerca de La Haya, sede del gobierno de los Países Bajos. El campo fue diseñado en origen por Harry Colt –el décimo que diseñó en el país–, aunque el proyecto fue supervisado en gran medida por su socio Charles Alison. Se completó en 1938, pero quedó dañado en la Segunda Guerra Mundial, y fue renovado a principios de la década de 2000 por el diseñador Frank Pont. El Royal Hague se ganó la certificación GEO por sus prácticas sostenibles, que incluyen estudios regulares de la flora y la fauna de los alrededores.

www.khgcc.nl/en

106   LOFOTEN LINKS

Tore Hjortsvei, 8314 Gimsøysand (Noruega)

En 2015, el remoto archipiélago noruego de Lofoten inauguró su campo de golf de 18 hoyos, Lofoten Links, en la isla de Gimsøya. A 68 grados de latitud norte, este es uno de los campos más septentrionales del mundo, lo que significa que se puede jugar en él las 24 horas en verano y, con suerte, ver la aurora boreal en otoño: el campo solo abre desde finales de mayo hasta mediados o finales de octubre, cuando el tiempo permite realizar actividades al aire libre. Desde luego, merece la pena el viaje hasta Lofoten para jugar aquí: el paisaje agreste en el que se encuentra el campo, diseño del arquitecto Jeremy Turner, es todo un espectáculo en sí mismo.

107 TROMSØ GOLF CLUB

Slettmoveien 173, 9027 Ramfjordbotn (Noruega)

**Este es el campo
de 18 hoyos más
septentrional
del mundo.**

18 HOYOS
CAMPO PÚBLICO

El golf no se considera exactamente un deporte extremo, pero aún así hay campos bastante épicos que requieren un corazón aventurero. Uno de ellos es el Tromsø Golf Club, el campo de 18 hoyos más septentrional del mundo, a 69 grados de latitud norte. Pese al dato, no es difícil llegar hasta él, pues está a los pies de los Alpes de Lyngen, a 45 minutos por carretera del aeropuerto de Tromsø. También es una popular parada para barcos capaces de navegar por las regiones polares más remotas. La temporada del Tromsø Golf Club es bastante breve, como la del Lofoten Links: suele abrir a finales de mayo y cerrar a mediados de octubre, y en él se puede jugar las 24 horas en junio y ver la aurora boreal en otoño.

108 **MONTE REI GOLF & COUNTRY CLUB: NORTE**

Sesmarias, Apartado 118, 8901-907 Vila Nova de Cacela (Portugal)

Cuando el Campo Norte del Monte Rei Golf & Country Club abrió sus puertas en 2007, se convirtió en el primer campo *signature* de Jack Nicklaus en Portugal. Si esto ya de por sí es un título impresionante, lo que es aún más destacable es que sigue siendo uno de los mejores campos del país más de una década después. Mientras que el Algarve es conocido por sus espectaculares paisajes, sobre todo junto a la costa, Monte Rei, en el interior, está en un entorno más apacible, pero sigue siendo muy pintoresco. Sin embargo, aquí la mayor parte de la atención se la lleva el golf, con obstáculos de agua, búnkeres y *doglegs*, para un desafío a la altura de una mente estratégica.

www.monte-rei.com

109 TROIA GOLF

Tróia, 7570-789 GDL (Portugal)

VISITA IMPRESCINDIBLE
PORQUE

Para Robert Trent Jones Sr., el tercer hoyo de este campo es uno de sus favoritos de todos los tiempos.

18 HOYOS
CAMPO PÚBLICO

Situado sobre una delgada franja de tierra al norte de la costa del Algarve y al sur de Lisboa, los *links* del Troia Golf desafían a los golfistas con numerosos obstáculos y vientos difíciles. El campo fue diseñado por Robert Trent Jones Sr., quien salpicó el terreno de juego con búnkeres, muchos de ellos situados justo por delante de los *greens* (¡así que no te quedes corto!). Su favorito entre los 18 hoyos es el tercero, un par 4 que lleva a los jugadores hasta el mar. El campo está entre las dunas, por lo que está rodeado de arena y pinos, y se puede divisar el mar desde muchos de sus puntos elevados.

www.troiaresort.pt/en/troia-golf/

110 MOSCOW COUNTRY CLUB

Nakhabino-1, distrito de Krasnogorsky,
región de Moscú (Rusia)

VISITA IMPRESCINDIBLE PORQUE

Es el primer campo de golf de Rusia, inaugurado en 1993.

18 HOYOS
CAMPO PÚBLICO

Rusia es muchas cosas, pero una potencia histórica del golf no es una de ellas. El golf no cuajó en el país hasta hace poco; de hecho, el primer campo ruso, el Moscow Country Club, abrió sus primeros nueve hoyos en 1993. Rusia acudió a uno de los mejores en materia de golf, Robert Trent Jones Jr., para diseñar un campo que recorre un sereno bosque de abedules, tres lagos y un arroyo. El club acogió el Abierto de Rusia inaugural en su primer año de funcionamiento, y lo siguió haciendo durante 15 años.

111   ABAMA GOLF

Carretera general TF-47, km 9, 38687 Guía de Isora,
Tenerife (España)

**Las vistas desde el
campo hacia el Ritz-
Carlton, al Abama
mismo y, más allá,
al océano Atlántico
son magníficas.**

18 HOYOS
CAMPO PÚBLICO

El archipiélago volcánico de las islas Canarias tiene una topografía espectacular. El Abama Golf –o, más exactamente, su diseñador, Dave Thomas– aprovecha el terreno montañoso de Tenerife para garantizar que cada hoyo del campo ofrezca vistas impresionantes, ya sea del océano Atlántico, del vecino Ritz-Carlton (de estilo morisco) o de uno de los 22 lagos (¡no te pierdas las cascadas!). Como las pendientes son tan pronunciadas, necesitarás un *buggy* para desplazarte. Por suerte, el vehículo va incluido en el precio de la ronda. El relieve del terreno hace que el juego sea bastante exigente, así que conviene tener experiencia antes de vérselas con el Abama.

112 ALCANADA GOLF CLUB

Carretera del Faro, 07400 Port d'Alcúdia,
Islas Baleares (España)

**Este campo puso
el norte de Mallorca
en el mapa del golf.**

18 HOYOS
CAMPO PÚBLICO

La isla mediterránea española de Mallorca es un destino vacacional muy demandado y, por tanto, cuenta con un buen número de campos de golf. Sin embargo, hasta 2003, la mayoría de ellos se encontraba en el sur de la isla. El Alcanada Golf Club abrió sus puertas en el norte de la isla aquel año y, con su campo (diseñado por Robert Trent Jones Jr.) y su ubicación frente al mar, pronto comenzó a atraer a las multitudes. Actualmente está considerado uno de los mejores campos de golf de la isla y aparece regularmente en las listas entre los mejores de toda España. Disfruta de los olivos, pinos y robles que lo flanquean, y de vistas del pintoresco faro de Alcanada, situado en un islote cercano. (Se puede alquilar alojamiento en caso de necesitarlo.)

113 FINCA CORTESIN

Carretera de Casares, s/n, 29690 Casares,
Málaga (España)

Pertenece a uno de los complejos de lujo más solicitados de España, lo que lo convierte en el campo de golf vacacional definitivo.

18 HOYOS
CAMPO PÚBLICO

Si lo que buscas son unas auténticas vacaciones golfísticas, dirige tu mirada hacia la Costa del Sol española, a orillas del Mediterráneo; por algo esta zona se conoce también como «Costa del Golf». Aquí hay muchos complejos con campos de golf propios, pero sobre todos ellos reina Finca Cortesin, una propiedad de lujo cerca del pueblo de Casares. Aunque se ve el mar desde el campo, diseñado por Cabell B. Robinson, este sigue un trayecto entre los montes andaluces, rodeado de olivares. Aparte de su bello entorno, el campo es uno de los más respetuosos con el medio ambiente de España, pues fue el primero en plantar en todos sus *greens* césped Ultra Dwarf Bermudagrass MiniVerde, que requiere menos agua y pesticidas que otros tipos de césped.

114   **REAL CLUB VALDERRAMA**

Avenida Los Cortijos, s/n, 11310 Sotogrande,
Cádiz (España)

Esta es la joya de la corona de los campos de golf de Europa.

18 HOYOS
CAMPO SEMIPRIVADO

Durante más de 30 años, el Real Club Valderrama ha sido considerado el mejor campo de golf de Europa, pero no fue tan aclamado desde el principio. Fue fundado en 1975 como «Las Alves», con un diseño de Robert Trent Jones Sr. Diez años más tarde, el nuevo propietario pidió al famoso diseñador que actualizara el trazado original, y en su nueva encarnación y con su nuevo nombre –Valderrama–, se ha convertido en un referente en Europa, llegando a recibir el título real de la monarquía española en 2014. El campo ha sido la sede de una serie de torneos, entre ellos la Ryder Cup de 1997, y, aunque el club es muy exclusivo a la hora de admitir socios, sí que admiten visitantes.

www.valderrama.com

115 REAL GUADALHORCE CLUB DE GOLF

Avenida José Ortega y Gasset, 555, 29196 Málaga (España)

El campo se divide entre los estilos clásicos inglés y estadounidense.

18 HOYOS
CAMPO SEMIPRIVADO

Una ronda en el Real Guadalhorce Club de Golf es casi como una lección de diseño golfístico de la vieja escuela. El arquitecto finlandés Kosti Kuronen diseñó el campo con dos mitades muy diferenciadas: los nueve hoyos delanteros son del típico estilo *parkland* inglés, con terreno suavemente ondulado y sin obstáculos acuáticos; en cambio, los nueve hoyos traseros se parecen más a los campos de Estados Unidos, con un terreno más montañoso y con más agua. Aparte del campo, destaca la casa club, ubicada en una antigua y notable mansión.

116 BRO HOF SLOTT GOLF CLUB: STADIUM

Bro Hof Slott Golf Club, 197 91 Bro (Bro Gård) (Suecia)

VISITA IMPRESCINDIBLE
PORQUE

Este largo campo junto a un lago es uno de los mejores de Suecia.

18 HOYOS
CAMPO SEMIPRIVADO

El año en que se inauguró el Stadium Course de Bro Hof Slott fue nombrado mejor campo de Suecia por la edición sueca de *Golf Digest*, lo cual supuso un debut de lo más impresionante. Eso fue en 2007, y aún hoy sigue en la cima o cerca de la cima en las listas de mejores campos de Suecia de muchas publicaciones. El campo alcanzó la fama internacional en 2012, como sede de los Nordea Masters, que ganó Lee Westwood. El Stadium Course fue diseñado por Robert Trent Jones Jr., quien también diseñó el segundo campo del club, The Castle, que discurre junto a la orilla del lago Mälaren, a 30 minutos por carretera de Estocolmo. (También se puede llegar en barco desde la capital.) Dada su localización junto al agua, en él abundan los obstáculos acuáticos, por no mencionar el desafío de algunas colinas. Y, si juegas desde los *tees* negros (limitados a profesionales y torneos), el campo mide unos 7315 m.

117 ANDERMATT SWISS ALPS GOLF COURSE

Reussen, 6490 Andermatt (Suiza)

El entorno bucólico te aparta del caos del mundo moderno, aunque solo sea durante una partida de golf.

18 HOYOS
CAMPO PÚBLICO

El pueblo de Andermatt es conocido sobre todo por el esquí, pero cuando el tiempo es más cálido (solo durante unos meses al año) también se puede jugar al golf. El Andermatt Swiss Alps Golf Course se inauguró en 2016, y desde entonces los golfistas acuden a él en masa por su capacidad para transportarle a uno a otro tiempo y a otro lugar. A medida que progresas, puede que veas vacas pastando en la ladera, con picos nevados al fondo. Un arroyo aporta algo de rumor relajante, el aire es fresco, y la hierba de color verde intenso. Aunque la mayoría de los hoyos en Andermatt son llanos, hay unos cuantos al final del valle que están en pendiente, y requieren algo de concentración extra.

118   GOLF CLUB BAD RAGAZ: CHAMPIONSHIP

7310 Bad Ragaz (Suiza)

VISITA IMPRESCINDIBLE PORQUE

Los golfistas han disfrutado de este pintoresco campo en el valle del Rin durante más de cien años.

18 HOYOS
CAMPO PÚBLICO

El Grand Resort Bad Ragaz tiene todo lo que se puede esperar de un gran complejo turístico: hoteles y restaurantes de lujo, una fuente termal, un casino y, por supuesto, un excelente campo de golf. El campo de nueve hoyos original se construyó aquí en 1904 y acogió una serie de campeonatos, entre ellos el Ladies Challenge Cup de 1908. El actual campo de 18 hoyos, hoy llamado Championship Course, fue diseñado por Don Harradine y completado en 1959. Es muy apreciado por su entorno pintoresco entre dos montañas en el valle del Rin, aunque sus hoyos son bastante llanos y muy accesibles, con un nivel de dificultad ideal para golfistas aficionados con experiencia. Aun así, se trata de un campo de nivel de campeonato que acoge el Abierto Séniors de Suiza desde 1997.

119 GOLFCLUB ENGELBERG-TITLIS

Wasserfallstrasse 114, CH-6390 Engelberg (Suiza)

VISITA IMPRESCINDIBLE
PORQUE

**Disfrutarás de
las montañas
desde un campo
cómodamente llano.**

18 HOYOS
CAMPO PÚBLICO

Jugar en campos de montaña no siempre es lo más descansado para el cuerpo, sobre todo si vas a hacerlo a pie; sin embargo, en el Golfclub Engelberg-Titlis, fundado en la década de 1920, podrás disfrutar de todo el paisaje de montaña sin demasiado esfuerzo físico, ya que el campo es deliciosamente llano. Y no por eso es aburrido: jugarás entre corrientes y lagos en este encantador valle alpino cerca de Lucerna, que se encuentra a unos asequibles 1000 m sobre el nivel del mar. Esto significa que la pelota viajará algo más lejos, pero no te sentirás sin aliento después de golpearla. Con menos de 5490 m, la ronda es relativamente rápida, por lo que podrás tomarte tu tiempo y disfrutar de las vistas.

www.golfclub-engelberg.ch/

120   LYKIA LINKS

Denizyaka Mah. 1, Kamışlıgöl Küme Evleri Nº. 1 Manavgat / Antalya (Turquía)

Este es el primer campo de *links* de Turquía.

18 HOYOS
CAMPO PÚBLICO

Belek, en Antalya, tiene muchos campos de golf, pero cuando se inauguró Lykia Links en 2007, se convirtió en el primer campo de *links* de Turquía, situado en el golfo de Antalya, en el Mediterráneo. Como aquí las dunas no son del todo naturales, se han diseñado para que complementen el campo a la perfección. El diseñador Perry Dye hizo un trabajo magistral creando hoyos complejos que desafían tanto a jugadores ocasionales como avanzados. Desde una parte del campo tendrás vistas de las playas y del mar, y, desde otra, verás las montañas a lo lejos. Si bien Lykia tiene cualidades propias de los *links*, el tiempo cálido es un agradable cambio con respecto al clima habitual de las islas británicas.

121 ARDGLASS GOLF CLUB

Castle Place, Ardglass, County Down,
Irlanda del Norte BT30 7TP (Reino Unido)

VISITA IMPRESCINDIBLE
PORQUE

**Puede que el Royal
County Down Golf
Club se lleve toda
la fama en Irlanda
del Norte, pero
el Ardglass es un
digno competidor.**

18 HOYOS
CAMPO PÚBLICO

Es posible que el Ardglass haya batido el récord en la ampliación a un campo completo de 18 hoyos. El club fue fundado en 1896 con siete hoyos y, si bien se añadieron otros dos al poco tiempo, los hoyos del diez al dieciocho no vieron la luz hasta finales de la década de 1960. Desde entonces, el campo se ha remodelado un poco para adaptarse al gusto contemporáneo, pero conserva su carácter histórico, sobre todo en cuanto a la casa club. Según mantiene el club, el edificio es el más antiguo empleado como casa club en el mundo: es del siglo XV, pero es posible que algunas partes sean incluso más antiguas. Aunque la historia de la casa club sea fascinante, aquí has venido a jugar, por lo que te interesará saber que el campo cuenta con unas vistas magníficas: el mar de Irlanda se ve durante la ronda entera, y también pueden verse la isla de Man y los montes de Mourne.

122 GLENEAGLES: KING'S

Auchterarder, Perthshire, Escocia PH3 1NF (Reino Unido)

El complejo histórico de Gleneagles es conocido como «el Campo de Juego Glorioso», por lo que no debe sorprender que sea un paraíso para los entusiastas de las actividades al aire libre, golfistas incluidos. Cuenta con tres campos de campeonato, el más famoso de los cuales es el King's Course, diseñado por James Braid e inaugurado en 1919, cinco años antes que el hotel. En 1921 acogió la primera competición entre golfistas estadounidenses y británicos, antecedente de la Ryder Cup, que acogería aquí de forma oficial por primera vez en 2014. También ha acogido el Abierto de Escocia, el Campeonato de Europa de Golf por Equipos y la Copa Solheim, entre otros torneos. Aunque Escocia es conocida sobre todo por sus *links*, el King's Course de Gleneagles es uno de los mejores campos en el interior de Reino Unido.

www.gleneagles.com/golf/

123 ROYAL DORNOCH: CHAMPIONSHIP

Golf Road, Dornoch, Escocia IV25 3LW (Reino Unido)

Aquí se juega al golf desde hace más de 400 años.

18 HOYOS
CAMPO PÚBLICO

Aunque jugar en el Championship Course de Royal Dornoch requiera que los golfistas hagan algo parecido a una peregrinación, es algo que muchos tienen en su lista de deseos. A cuatro horas de carretera tanto de Edimburgo como de Glasgow, en la bahía de Dornoch Firth, su remota localización confiere a los *links* naturales un toque extra de belleza agreste. Aunque el Royal Dornoch se fundó en 1877 (y Eduardo VII le concedió el título real en 1906), consta que aquí se ha jugado al golf desde al menos 1616, lo cual la convierte en una de las localidades golfísticas más antiguas del mundo. Como tal, es uno de los grandes nombres en la historia del golf. El campo original tenía solo nueve hoyos, pero en 1886 se contrató a Old Tom Morris para doblar su número, con modificaciones posteriores a cargo de John H. Taylor, George Duncan y Tom Mackenzie. Por otra parte, Dornoch es la ciudad natal de Donald Ross, quien nació aquí en 1872 y creció jugando en este campo. Pese a tanto pedigrí golfístico, el Royal Dornoch ofrece un ambiente relajado e informal, y una generosa hospitalidad.

124   MUIRFIELD

Duncur Road, Muirfield, Gullane, East Lothian,
Escocia EH31 2EG (Reino Unido)

VISITA IMPRESCINDIBLE
PORQUE

**Los nueve hoyos
delanteros y traseros
de Muirfield no son
los típicos *links* de
ida y vuelta.**

18 HOYOS
CAMPO PÚBLICO

Muirfield, sede de uno de los clubes de golf más antiguos del mundo, The Honourable Company of Edinburgh Golfers (HCEG), es uno de los campos de golf más emblemáticos de Escocia. El club jugaba originalmente en Leith Links y Musselburgh antes de construir su propio campo, Muirfield, en 1891, y contratar a Old Tom Morris para que creara un diseño de *links* inusual con dos nueves en bucle en lugar de la clásica orientación de ida y vuelta. Así, los golfistas deben adaptarse a las nuevas direcciones del viento a lo largo de la ronda, lo que aumenta el nivel de dificultad. Aunque el HCEG es un club privado, los visitantes pueden jugar aquí determinados días de la semana. El campo ha acogido el Open Tournament en 16 ocasiones, la más reciente en 2013.

www.muirfield.org.uk/

125 ROYAL LYTHAM & ST. ANNES GOLF CLUB

Links Gate, Lytham St. Annes, Lancashire,
Inglaterra FY8 3LQ (Reino Unido)

VISITA IMPRESCINDIBLE PORQUE

A diferencia de la mayoría de los *links*, el Royal Lytham & St. Annes se encuentra en el interior y está rodeado de casas y una vía férrea, un entorno poco habitual para un campo tan prestigioso e histórico.

18 HOYOS
CAMPO SEMIPRIVADO

Cuando se construyó en 1897, el Royal Lytham & St. Annes Golf Club, con sus dunas salvajes junto al mar, era el paradigma del campo de *links* perfecto. Sin embargo, a lo largo del último siglo se ha ido viendo literalmente asediado por el mundo. Aunque sigue considerándose un campo de *links*, hoy está rodeado por una urbanización de tejados rojos y una vía férrea activa. Y puedes ir olvidándote del mar: ¡ya no se ve! Sin embargo, nada de esto importa en realidad, pues este sigue siendo uno de los mejores campos de Inglaterra y ha sido la sede de once ediciones del Abierto Británico y dos e la Ryder Cup. Nada te distraerá cuando juegues allí: los 174 búnkeres que salpican el campo concentrarán toda tu atención.

www.royallytham.org/

126   ST. ANDREWS LINKS: OLD COURSE

West Sands Road, St. Andrews, Escocia KY16 9XL
(Reino Unido)

VISITA IMPRESCINDIBLE PORQUE

Es la cuna del golf.

18 HOYOS
CAMPO PÚBLICO

En la ciudad escocesa de St. Andrews se juega al golf desde hace más de 600 años: el *Libro Guinness de los récords* reconoce al Old Course como el campo de golf más antiguo del mundo. Aunque se jugaba ya de manera informal en el siglo XIV (o quizá incluso antes), fue en 1552 cuando el arzobispo John Hamilton promulgó una carta por la que se reconocía el derecho del público a jugar al golf en los *links* de St. Andrews. ¡Y hoy sigue siendo un campo público! El Old Course, donde se juegan unas 45 000 rondas al año, atrae a un público internacional en busca de un poco de historia. Dato curioso: el Old Course estableció el formato de dieciocho hoyos en 1764, pero en aquel entonces tenía solo diez, por lo que ocho se jugaban dos veces en cada ronda. También hay que señalar que este fue el campo local de Old Tom Morris, que nació en St. Andrews en 1821.

www.standrews.com/play/courses/old-course

127 SUNNINGDALE: OLD

Ridgemount Road, Sunningdale, Berkshire,
Inglaterra SL5 9RR (Reino Unido)

A principios del siglo XIX, el golf se jugaba sobre todo en las costas de las islas británicas, pero el éxito inicial de Sunningdale contribuyó a expandirlo por el interior. Se construyó en la campiña inglesa a 48 km de Londres, por lo que en esta época se trataba de un lugar de difícil acceso, pero esto cambió cuando se añadió una parada de tren cercana, después de que el club hiciera miembro honorario al director general de la London and South Western Railway. A lo largo del último siglo se celebraron aquí numerosos campeonatos, y tanto socios como visitantes han alabado no solo la belleza del paisaje boscoso, sino también el auténtico placer de jugar cada uno de sus hoyos. El golfista Bobby Jones, quien apreciaba mucho el Old Course de Sunningdale, dijo una vez: «Ojalá pudiera llevarme este campo a casa conmigo». El magnífico roble cercano al hoyo 18 es el emblema del club.

128 TRUMP INTERNATIONAL GOLF LINKS SCOTLAND

Balmedie, Aberdeen, Escocia AB23 8YE (Reino Unido)

VISITA IMPRESCINDIBLE PORQUE

En 2012, este recién llegado sacudió el panorama del golf escocés, rico en historia.

18 HOYOS
CAMPO SEMIPRIVADO

Muchos de los mejores campos de golf del mundo son obras maestras de al menos varias décadas, si no un siglo, de historia; sin embargo, el Trump International Golf Links Scotland causó sensación internacional nada más estrenarse en 2012. Ubicado en un paisaje espectacular, el diseño de Martin Hawtree se abre paso entre dunas cubiertas de hierba de 30 m de altura a lo largo de casi 5 km de costa en Aberdeenshire. Por supuesto, construir un campo de golf en las Grandes Dunas de Escocia planteaba algunos inconvenientes ecológicos para mantener la integridad natural del lugar, pero Hawtree aceptó el reto: «Colaborando estrechamente con científicos ambientales, la visión gira en torno a una integración sensible en este paisaje», afirmó.

www.trumpgolfscotland.com/golf

129 TRUMP TURNBERRY RESORT: AILSA

Maidens Road, Turnberry, Ayrshire, Escocia KA26 9LT
(Reino Unido)

VISITA IMPRESCINDIBLE
PORQUE

A pesar de ser uno de los campos de golf más famosos y mejor valorados del mundo, el Ailsa es asequible para golfistas de todos los niveles.

18 HOYOS
CAMPO PÚBLICO

Escocia tiene uno o dos campos de golf de los que habrás oído hablar. O quizá tres o cuatro... Está bien: el país alberga docenas de campos excelentes, muchos de los cuales están considerados entre los mejores del mundo. Antes de 2016, el Ailsa Course, en el Trump Turnberry Resort, era uno de los mejor valorados –había sido sede del Abierto Británico en su formato Mackenzie Ross en cuatro ocasiones–, pero no era un campo que figurara en la lista de deseos de muchos golfistas. Pero todo eso cambió después de que una reforma dirigida por Martin Ebert lo llevara a la cima, o casi, de muchas listas. Hoy, golfistas de todo el mundo acuden allí a jugar, y la mayoría afirma que es una gozada.

www.turnberry.co.uk/ailsa-golf-course-scotland

130   WHALSAY GOLF CLUB

Skaw, Shetland, Escocia ZE2 9AW (Reino Unido)

VISITA IMPRESCINDIBLE PORQUE

El propio club reconoce los «traicioneros retos golfísticos» del campo.

18 HOYOS
CAMPO PÚBLICO

La remota isla Whalsay, en las Shetland de Escocia, ha sido durante mucho tiempo una isla pesquera, y probablemente siempre lo será. Gracias a sus entusiastas habitantes, es también un destino de golf que alberga el campo más septentrional de Gran Bretaña. El Whalsay Golf Club, gestionado por la comunidad y del que son socios un 15 % de los cerca de mil habitantes de la isla, se fundó en 1976, al crearse un verdadero campo de *links*, tras unos años jugando sobre turberas. Dada su ubicación en un acantilado expuesto a los vientos del Atlántico norte, las condiciones ponen a prueba incluso al jugador más experimentado. Aún así, jugar aquí es emocionante, cuando menos, por lo que muchos siguen acudiendo a jugar una o dos rondas.

     www.whalsaygolfclub.com/website/

131 BARNBOUGLE: DUNES

425 Waterhouse Road, Bridport, Tasmania 7262 (Australia)

VISITA IMPRESCINDIBLE PORQUE

Con Mike Keiser, Tom Doak y Mike Clayton al timón de este campo de *links*, sabes que será un gustazo.

18 HOYOS
CAMPO PÚBLICO

El empresario golfístico Mike Keiser encontró oro cuando vio las dunas del noreste de Tasmania, junto a lo que antes fue un campo de patatas. En Barnbougle no hay solo uno, sino dos de los mejores campos de golf de Australia, que, además, son verdaderos *links*. Aunque sin duda deberías reservar tiempo para una ronda tanto en el Dunes Course como en el Lost Farm Course (que, pese a ser vecinos, ofrecen experiencias del todo distintas), si tienes que elegir uno solo, elige entonces el primero. Dunes fue el primer campo de Barnbougle, diseñado por Tom Doak y Mike Clayton en 2004, y el paisaje natural recuerda sorprendentemente a las costas de las islas británicas, con pronunciadas ondulaciones que suponen todo un reto.

132 CAPE WICKHAM GOLF LINKS

Cape Wickham Road, King Island, Tasmania 7256 (Australia)

VISITA IMPRESCINDIBLE PORQUE

Es un campo de golf con unas vistas en absoluto sobrevaloradas.

18 HOYOS
CAMPO PÚBLICO

Australia no anda escasa de paisajes hermosos, pero King Island tiene algunos excepcionales, incluso para los estándares australianos. La isla está en el estrecho de Bass, a medio camino entre la tierra firme del estado de Victoria y la isla de Tasmania; su población es inferior a los 2000 habitantes, y es conocida sobre todo por sus productos (carne, queso y marisco). Cape Wickham Golf Links es sin duda la atracción más popular de la isla, ya que es uno de los campos de golf más alabados de Australia, pero, dada su recóndita ubicación, está relativamente libre de turistas. ¡Tanto mejor para los golfistas que acuden a él! La recompensa son paisajes barridos por el viento y el fantástico diseño de Mike DeVries y Darius Oliver.

133 CHRISTMAS ISLAND GOLF COURSE

HPF2+GG7, Isla de Navidad 6798 (Australia)

VISITA IMPRESCINDIBLE PORQUE

Este remoto campo tiene una norma oficial en caso de que un cangrejo te robe la pelota.

18 HOYOS
CAMPO PÚBLICO

Australia es ya de por sí un país bastante remoto, pero el territorio de la Isla de Navidad está a nada menos que 2600 km del continente, en el océano Índico, cerca de Indonesia. Su solitario campo de golf es el más septentrional de Australia. Tiene algunos rasgos bastante únicos, entre ellos las normas especiales relativas a los cangrejos. A saber: la Isla de Navidad es conocida por la migración masiva de cangrejos rojos, en la que 60 millones de crustáceos cruzan la isla, incluido el campo de golf. Pero eso no es todo: en la isla vive también el cangrejo ladrón, o cangrejo de los cocoteros, el mayor crustáceo terrestre del mundo, con una envergadura de casi un metro. Como indica su nombre local, esta especie es conocida por robar pelotas de golf.

www.christmasislandgolfclub.com

134 COOBER PEDY OPAL FIELDS GOLF CLUB

1509 Rowe Drive, Coober Pedy, Australia Meridional 5723 (Australia)

La remota ciudad de Coober Pedy, en Australia Meridional, es conocida por tres cosas: sus minas de ópalo, sus viviendas subterráneas y su campo de golf. Como las temperaturas en esta árida región superan regularmente los 40 °C, la vegetación escasea, lo que hace de esta zona un lugar poco habitual para un campo de golf. Sin embargo, los residentes locales –muchos de los cuales viven bajo tierra para escapar del calor– se han construido su propio campo de golf sin hierba que se utiliza en invierno o hacia el anochecer en verano. En lugar de césped, hay arenisca blanca, y en lugar de *greens*, parcelas hechas de una mezcla de polvo de cantera y desechos de petróleo, que, según el club, bien mezclados forman una superficie muy buena para los *putts*. Para el *tee* inicial, los golfistas llevan pequeños cuadrados de hierba artificial. Dato curioso: en este campo baldío hay carteles de «No pisar el césped» como broma para los jugadores.

135 GRANGE GOLF CLUB: WEST

White Sands Drive, Grange, Australia Meridional 5022
(Australia)

VISITA IMPRESCINDIBLE
PORQUE

**Lo que antes fueron
pantanos es hoy un
campo tipo *parkland*
de clase internacional.**

18 HOYOS
CAMPO PÚBLICO

En la zona se juega al golf desde 1910, pero el Grange Golf Club no se estableció formalmente hasta 1926, en lo que antes fuera un área pantanosa pero hoy es un barrio bien urbanizado de Adelaida. Originalmente solo había un campo, pero en 1967 se inauguró otro, el West Course, diseñado por Vern Morcom. El campo cambió de nuevo en 2008, con unas obras de renovación bastante exhaustivas a cargo de Mike Clayton. (Greg Norman remodeló el East Course en 2012.) En 2016 y 2019, el West Course acogió el Abierto Femenino de Australia.

www.grangegolf.com.au/cms/

136 KINGSTON HEATH

Kingston Road, Cheltenham, Victoria 3192 (Australia)

VISITA IMPRESCINDIBLE PORQUE

Para muchos, el mejor campo de golf de Australia.

18 HOYOS
CAMPO SEMIPRIVADO

Cuando se trata de la región del Sandbelt, en Melbourne, es imposible equivocarse al elegir un campo de golf. El suelo arenoso es una delicia para los diseñadores, que pueden dar al terreno su forma ideal con un esfuerzo mínimo. Dicho eso, Kingston Heath es uno de los mejores, superando a su principal competidor, el Royal Melbourne Golf Club, simplemente porque es más acogedor con los visitantes. En cualquier caso, aquí te espera un juego espectacular: este campo, diseñado por Dan Soutar (con búnkeres de Alister MacKenzie), fue inaugurado en 1925 y ha acogido toda clase de torneos, desde el Abierto hasta el Masters de Australia.

www.kingstonheath.melbourne/

137 LORD HOWE ISLAND GOLF CLUB

Lagoon Road, Lord Howe Island, Nueva Gales del Sur 2898 (Australia)

VISITA IMPRESCINDIBLE PORQUE

Solo se permiten 400 visitantes a la vez en toda la isla, por lo que nunca hay aglomeraciones en este espectacular campo.

18 HOYOS
CAMPO PÚBLICO

La isla de Lord Howe, en el mar de Tasmania, es un paraíso en el que disfrutar del increíble entorno marino practicando snorkel, submarinismo u otros deportes acuáticos. En tierra firme, hay dos montañas boscosas para hacer senderismo, muchas playas que explorar y, sí, también un campo de nueve hoyos para jugar al golf. Declarada Patrimonio de la Humanidad por la Unesco por sus paisajes y su biodiversidad, la isla solo acoge a 400 visitantes a la vez (sin contar los pocos cientos de residentes), a fin de proteger el ecosistema. Por ello, este campo no está nunca abarrotado.

138 NEW SOUTH WALES GOLF CLUB

Botany Bay National Park, 101 Henry Head Lane,
La Perouse, Nueva Gales del Sur 2036 (Australia)

En 1770, el explorador británico James Cook desembarcó por primera vez en Australia y obtuvo agua potable de una fuente al norte de la bahía de Botany. Unos 150 años más tarde, ese mismo lugar es también conocido, pero por un motivo totalmente distinto: por el *tee* 17 del New South Wales Golf Club, una obra maestra de Alister MacKenzie inaugurada en 1928. El propio MacKenzie alabó la ubicación frente al mar, declarando a *Golf Illustrated* que tenía «las vistas más espectaculares que cualquier otro lugar que conozca, con la posible excepción del campo nuevo en Cypress Point en el que estoy trabajando…». No se equivocaba: las vistas a lo largo de la costa rocosa son preciosas. Eso sí, aparte de las bonitas vistas, este es un campo difícil, con fuertes vientos regulares.

www.nswgolfclub.com.au/cms/

139   NULLARBOR LINKS

58 Poynton Street, Ceduna, Australia Meridional 5690
(Australia)

VISITA IMPRESCINDIBLE
PORQUE

**Con 1365 km de
longitud, este es el
campo de golf más
largo del mundo.**

18 HOYOS
CAMPO PÚBLICO

¿Encuentras largo un campo de 7315 m? Prueba entonces uno de 1365 km. Bienvenido a Nullarbor Links, el campo de golf más largo del mundo. Técnicamente se trata de un campo de 18 hoyos par 72, y los hoyos en sí tienen una longitud normal: lo extraordinario es la distancia entre ellos. Afortunadamente, no hay que recorrerlo a pie: el campo se creó como pasatiempo para los camioneros que realizan el largo trayecto por la carretera Eyre de Australia, entre Kalgoorlie (Australia Occidental) y Ceduna (Australia Meridional); cada hoyo se encuentra en un punto diferente de la ruta. Algunos se juegan en verdaderos clubs de golf; otros en granjas de ovejas o en restaurantes de carretera. Según se haga o no algo de turismo en el camino, la ronda puede durar entre unos días y más de una semana.

www.nullarborlinks.com

140 ROTTNEST ISLAND GOLF CLUB

Koora Nortji Wangkiny Court, Rottnest Island,
Australia Occidental 6161 (Australia)

**Aquí viven unos
pequeños marsupiales
llamados quokkas.**

9 HOYOS
CAMPO PÚBLICO

La isla de Rottnest, cerca de la costa de Perth, es un destino popular por
sus playas y por su oferta en actividades como buceo, senderismo y rutas
en bicicleta, pero también tiene un campo de golf de nueve hoyos, lo cual es
uno de los secretos mejor guardados de la isla. (Dato curioso: el club estableció la igualdad del derecho a jugar para las mujeres en la década de 1960,
mucho antes que muchos de los principales clubes del mundo, algunos de los
cuales siguen siendo exclusivos para hombres.) Este campo tiene una gracia
añadida: es uno de los pocos lugares del mundo con una población nativa de
quokkas, unos adorables marsupiales que parecen sonreír siempre. Puede
que veas unas cuantas de estas monadas salir al campo durante tu ronda.

141 THE ROYAL ADELAIDE GOLF CLUB

328 Tapleys Hill Road, Seaton SA 5023 (Australia)

Pese a estar a más de kilómetro y medio del mar, el Royal Adelaide Golf Club tiene un aire de campo de estilo *links*. Desde su fundación en 1870 (bueno, 1892 en su ubicación actual), los arquitectos y diseñadores han movido y vuelto a mover la tierra, entre ellos Alister MacKenzie en 1926, ¡y el aspecto tan natural que tiene el campo es un testimonio de su habilidad! Como uno de los campos más destacados de Australia, ha acogido el Abierto de Australia no menos de nueve veces a lo largo de su historia, así como 16 ediciones del Campeonato Amateur de Australia. En teoría, solo es accesible a los socios, pero hay *tee times* limitados para visitantes, y necesitarás algo de suerte para conseguir uno.

142   13TH BEACH: BEACH

1732 Barwon Heads Road, Barwon Heads,
Victoria 3227 (Australia)

VISITA IMPRESCINDIBLE
PORQUE

**Es la sede del
Abierto de Victoria.**

2 CAMPOS DE 18 HOYOS
Y UNO DE 9 HOYOS
CAMPO PÚBLICO

Al estado australiano de Victoria no le faltan campos de golf, sobre todo en la región del Sandbelt, en la península de Mornington. Pero justo al otro lado de la bahía Port Phillip está la península de Bellarine, donde también hay golf de la máxima categoría, sobre todo en campos más recientes. Uno de los mejores es el Beach Course, en el 13th Beach, diseñado por Tony Cashmore, inaugurado en 2001 y con aspecto de *links* clásico por sus dunas. Este campo ha acogido el Abierto de Victoria (o Vic Open) desde 2013, año en que el torneo cambió de formato para que hombres y mujeres jugaran en el mismo campo a la vez, y por el mismo premio.

www.13thbeachgolf.com/cms/

143 JOONDALUP RESORT COUNTRY CLUB

Country Club Boulevard, Connolly,
Australia Occidental 6027 (Australia)

VISITA IMPRESCINDIBLE PORQUE

Este desafiante campo tiene tres nueves con vistas que se pueden combinar para una ronda completa.

3 CAMPOS DE 9 HOYOS
CAMPO PÚBLICO

Cuando Robert Trent Jones Jr. diseñó el Joondalup Resort Country Club, al norte de Perth (Australia), en 1985, decidió esculpir tres pintorescos nueves en el *bush* de Australia Occidental; entre ellos destaca el Quarry Course, tanto por su dificultad como por sus impactantes vistas de una antigua cantera de piedra caliza. Destacan en particular los búnkeres de «cráter lunar» en el segundo hoyo, que crean un paisaje de otro mundo, aunque aquí la vegetación le asienta a uno firmemente en la Tierra. Están también los nueves Dune y Lake: el primero atraviesa colinas y matorrales, mientras que el segundo es un campo más de estilo *links* junto a suaves dunas a orillas de un lago. La mayoría de los golfistas optan por combinar Quarry y Dune para una ronda completa, pero la mejor opción es jugar los tres.

www.joondalupresort.com.au/golf

144 CAPE KIDNAPPERS

446 Clifton Road, Te Awanga, Hawke's Bay 4180
(Nueva Zelanda)

VISITA IMPRESCINDIBLE
PORQUE

**Los nueve traseros
se encuentran sobre
«dedos» de tierra de
unos 140 m de altura
que se adentran en
el mar.**

18 HOYOS
CAMPO PÚBLICO

Pese a ser un país geográficamente pequeño con una población relativamente reducida, Nueva Zelanda cuenta con un impresionante número de campos de golf de alto nivel, entre los que destaca Cape Kidnappers, un osado campo que desafía a quien tema las alturas. Tom Doak dispuso los nueve hoyos traseros sobre franjas estrechas de tierra, separadas por acantilados empinados con una caída de 140 m hasta la bahía de Hawke. Este campo no es para pusilánimes, aunque es cierto que intimida mucho más visto desde el aire que desde el césped o los *greens*. Aún así, las vistas desde los nueve traseros son formidables.

www.robertsonlodges.com/the-lodges/cape-kidnappers/golf

145 THE HILLS

164 McDonnell Road, Arrowtown 9351
(Nueva Zelanda)

VISITA IMPRESCINDIBLE
PORQUE

**Lo que en origen
fue solo un hoyo
de par 3 es hoy
uno de los clubes
más exclusivos de
Nueva Zelanda.**

18 HOYOS
CAMPO SEMIPRIVADO

Los campos de golf de Nueva Zelanda suelen ser en su mayoría inclusivos, pero cuando The Hills abrió sus puertas en 2007 lo hizo solo para socios, sentando un precedente de exclusividad. Sin embargo, no hay que preocuparse: el club permite a los visitantes jugar aquí de forma limitada, y sin duda vale la pena informarse. El campo nació como un solo hoyo de par 3 en los terrenos del empresario sir Michael Hill, en un pintoresco valle glaciar. Pero se expandió a partir de allí, y Darby Partners, que trabajó en el primer hoyo para Hill, lo amplió hasta convertirlo en un campo de 18 hoyos que acabaría incluso acogiendo el Abierto de Nueva Zelanda. Es conocido por la serie de esculturas que lo adornan, entre ellas una manada de caballos de Clydesdale de metal.

www.thehills.co.nz

146   JACK'S POINT

McAdam Drive, Jack's Point, Queenstown 9371
(Nueva Zelanda)

Ver algo nombrado con plena propiedad siempre hace sonreír, lo cual es particularmente cierto en el caso de las Remarkables, la cordillera que sirve de fondo a Jack's Point. El campo, diseñado por Darby Partners, se asienta muy por debajo de los «remarcables» picos de 2280 m junto a la orilla del lago Wakatipu, rodeado de prados, afloramientos y riscos. Lo mejor de todo es que, pese a su situación aparentemente remota, Jack's Point está a solo unos veinte minutos por carretera del centro de Queenstown. No sorprende nada que este elegante campo figure a menudo en las listas de los 100 mejores: el entorno es verdaderamente impresionante.

147 KAURI CLIFFS

139 Tepene Tablelands Road, Matauri Bay,
Northland 0478 (Nueva Zelanda)

En Nueva Zelanda no escasean los campos sobre acantilados, pero Kauri Cliffs es sin duda uno de los mejores. Como el campo, diseñado por David Harman, está en la zona norte de la Isla Norte, el clima es más templado allí que en la mayoría de los campos del sur del país, aunque pueda ser lluvioso a veces. Las vistas aquí son impresionantes cuando el cielo está despejado; quince de los hoyos tienen vistas al océano, y seis de ellos se juegan junto al borde del acantilado. Si planeas venir a jugar, añade un par de noches en el anejo Lodge de Kauri Cliffs, lujoso establecimiento de Relais & Châteaux.

148   MILLBROOK RESORT

1124 Malaghans Road, Arrowtown 9371
(Nueva Zelanda)

VISITA IMPRESCINDIBLE PORQUE

El Abierto de Nueva Zelanda se disputa en este espectacular campo.

2 CAMPOS DE 18 HOYOS
CAMPO PÚBLICO

Desde que se inaugurara en 1992, el Millbrook Resort, entre Queenstown y Arrowhead, no ha dejado de evolucionar. El campo original de dieciocho hoyos fue diseñado por John Darby y Bob Charles, pero se les pidió a Greg Turner y Scott Macpherson que lo dividieran en dos de nueve hoyos y que añadieran otro campo nuevo de nueve hoyos. Durante algún tiempo, los golfistas pudieron escoger cuáles dos de los tres combinar en una ronda completa. Hoy, en cambio, Millbrook cuenta con otros nueve hoyos más, y los dieciocho originales se juegan como campo único (The Remarkables), mientras que los dos campos nuevos de nueve hoyos se han agrupado en un segundo campo de dieciocho (The Coronet). Millbrook Resort ha acogido el Abierto de Nueva Zelanda tres veces, y se prevén futuros torneos.

149   PARAPARAUMU BEACH GOLF CLUB

376 Kapiti Road, Paraparaumu Beach,
Paraparaumu 5032 (Nueva Zelanda)

VISITA IMPRESCINDIBLE PORQUE

Verdadero campo de *links*, a Paraparaumu se le ha llamado «el hogar espiritual del golf en Nueva Zelanda».

18 HOYOS
CAMPO PÚBLICO

Pese a estar en las antípodas de las islas británicas, Nueva Zelanda tiene más en común con la madre patria que la mera pertenencia a la Commonwealth. Su geografía similar permite crear auténticos campos de *links*, y quizá el mejor de todos ellos esté en el Paraparaumu Beach Golf Club, enclavado entre las dunas del distrito Kapiti Coast. Fundado en 1949 y diseñado por el australiano Alex Russell, Paraparaumu ha acogido doce ediciones del Abierto de Nueva Zelanda a lo largo de su historia, y muchos lo consideran «el hogar espiritual del golf en Nueva Zelanda».

www.paraparaumubeachgolfclub.co.nz/

150   LAO LAO BAY GOLF & RESORT: EAST COURSE

Kagman, Saipán 96950 (Islas Marianas del Norte, EE.UU.)

VISITA IMPRESCINDIBLE PORQUE

Entre todos los campos de Greg Norman, este puede ser el más remoto.

2 CAMPOS DE 18 HOYOS
CAMPO PÚBLICO

La isla de Saipán en las Islas Marianas del Norte (estado libre asociado de Estados Unidos) tiene una población inferior a los 50 000 habitantes, pero cuenta con seis campos de golf: como proporción, no está mal. Aunque todos ellos son impresionantes por razones diversas, el East Course del Lao Lao Bay Golf and Resort destaca por dos: primero, está situado sobre un acantilado, así que tiene vistas asombrosas; segundo, es un campo diseñado por Greg Norman, inaugurado en la década de 1990. Si alguna vez vas a viajar hasta las Islas Marianas del Norte, no dejes de reservar aquí un *tee time*.

Índice

pp. 10-13 Cortesía de Chapelco Golf & Resort / p. 14 Buenaventuramariano – iStock / p. 15 Goddard_Photography – iStock / p. 16 Luoman – iStock / p. 17 JohannesCompaan – iStock / p. 18 Craig Zerbe – iStock / p. 19 Chris Babcock – iStock / p. 20 PickStock – iStock / p. 21 BCWH – iStock / pp. 22-23 Missing35mm – iStock / pp. 24-25 Cortesía de Quivira Golf Club / pp. 26-27 Hornsteincreative.com / p. 28 Antori – iStock / p. 29 SCIsquared – iStock / pp. 30-31 RhinoJoe iStock / p. 32 Matt De Sautel – iStock / p. 33 Randy Martinez – shutterstock / p. 34 ivanastar – iStock / p. 35 ImagineGolf – iStock / pp. 36-40 Cortesía de Fairmont Grand Del Mar: Grand Golf Club / pp. 41-43 Cortesía de Four Seasons Resort Lanai / p. 44 Cortesía de Four Seasons Resort Hualalai / p. 45 LizzieMaher – iStock / pp. 46-49 Cortesía de Gold Mountain Golf Club / p. 50 StephenBridger – iStock / p. 51 ejs9 – iStock / p. 52 Miranda Osborn-Sutphen – iStock / p. 53 MonaMakela – iStock / pp. 54-55 Cortesía de Mauna Kea Beach Hotel / p. 56 iShootPhotosLLC – iStock / pp. 57-59 Chris Murphy / pp. 60-61 Cortesía de Ojai Valley Inn / p. 62 Johnrandallvalves – iStock / p. 63 (arriba) JennaWagner – iStock / p. 63 (abajo) Todamo – iStock / pp. 64-67 Cortesía de Pinehurst Resort & Country Club / p. 68 Cortesía de Primland Resort / p. 69 ImagineGolf – iStock / pp. 70-71 Cortesía de Silvies Valley Ranch / p. 72 Jerry Ballard – iStock / p. 73 sanchesnet1 – iStock / p. 74 Cortesía de Windsor Golf Hotel & Country Club / p. 75 Quality Master – shutterstock / pp. 76-79 Cortesía de Tamarina Golf Club / p. 80 Grant Laversha / p. 81 yykkaa – iStock / p. 82 Arnold Petersen – iStock / p. 83 intsys – iStock / pp. 84-85 Grant Laversha / p. 86 Cortesía de Pezula Golf / p. 87-89 Daniel Saaiman / pp. 90-93 Cortesía de Pinnacle Point Golf Club / pp. 94-95 Jean Rossouw / p. 96 Cortesía de Sea Cliff Resort & Spa / p. 97 Cortesía de Lake Victoria Serena Golf Resort & Spa / p. 98 Christopher Scott / p. 99 Louise Ward / pp. 100-101 Christopher Scott / p. 102 Christian Kober – Shutterstock / p. 103 Jacob Sjoman – Shutterstock / p. 104 DreamArchitect – Shutterstock / p. 105 wonry – iStock / p. 106 Chunyip Wong – iStock / p. 107 Daniel Fung – Shutterstock / p. 108 (arriba) Ramnath B. Bhat – Shutterstock / p. 108 (abajo) Ka27 – Shutterstock / p. 110 Anurag R Modak – Shutterstock / pp. 111-113 Cortesía de Bali National Golf Club / p. 114 Mikhail Yuryev – Shutterstock / p. 115 Bambang Wijaya – Shutterstock / pp. 116-117 supriyanto97 – Shutterstock / p. 118 Yarygin – Shutterstock / p. 119 Lano Lan – Shutterstock / p. 120 Mike Casper – Shutterstock / p. 121 Ravindran John Smith – iStock / p. 122 Amrul Isham Ismail – Shutterstock / p. 123 Shakeel Sha – iStock / p. 124 Cortesía de Marina Bay Golf Course / p. 125 Cortesía de Sentosa Golf Club Singapore / p. 126 searagen – iStock / p. 127 Son of the Morning Light – Shutterstock / pp. 128-131 Joe Vorachat / p. 132 Nils Arne Johnsen Norway – Shutterstock / p. 133 tool2530 – Shutterstock / p. 134 deveritt – Shutterstock / p. 135 (arriba) clearandtransparent - Shutterstock / p. 135 (abajo) typhoonski – Shutterstock / p. 136 ChandraDhas – iStock / p. 137 Khoa Nguyen Dang – Shutterstock / p. 138 quangpraha – iStock / pp. 139-141 Mai Trang Nguyen / p. 142 Cortesía de Laguna golf Lang Cô / p. 143 Vietnam Stock Images – Shutterstock / p. 144 Hiphunter – iStock / p. 145 Cortesía de Royal Limburg Golf Club / p. 146 ncristian – iStock / p. 147 Aum Studio – iStock / p. 148 Greens and Blues – Shutterstock / p. 149 boussac – iStock / pp. 150-153 A. Lamoureux / p. 154 olrat – Shutterstock / p. 155 isogood_patrick – Shutterstock / p. 156 Cortesía de Golf de Spérone / p. 157 Pawel Kazmierczak – Shutterstock / pp. 158-159 Balate Dorin – Shutterstock p. 160 Costanavarino – flickr / p. 161 Creative Travel Projects – Shutterstock / pp. 162-165 Dave Sansom / p. 166 Milan Tesar – Shutterstock / pp. 167-169 Evan Schiller / p. 170 mikedabell – iStock / p. 171 levers2007 – iStock / p. 172 Fingerszz – iStock / p. 173 infrontphoto – iStock / p. 174 Francesco Bonino – Shutterstock / p. 175 Michal Zak – Shutterstock / p. 176 Cortesía de Golf Club Castelfalfi /

p. 177 ArtMassa / p. 178 Smilzo – Adobe Stock / p. 179 Knpje – Wikimedia Commons / p. 180 Alexander Jung – iStock / p. 181 Cortesía de Tromso Golf Club / pp. 182-185 Cortesía de Monte Rei Golf & Country Club / pp. 186-189 Cortesía de Troia Golf / p. 190 Adobe Stock / p. 191 Pawel Kazmierczak – Shutterstock / p. 192 pbsm – iStock / pp. 193-195 Cortesía de Finca Cortesin / p. 196 Cortesía de Real Club Valderrama / p. 197 alphotographic – iStock / p. 198 sjoeman – iStock / p. 199 Adobe Stock / pp. 200-203 Cortesía de Golf Club Bad Ragaz / p. 204 fotoember – iStock / p. 205 Wertu Studio – Shutterstock / p. 206 Adobe Stock / p. 207 DouglasMcGilviray – iStock / p. 208 Catherine Philip – iStock / pp. 209-211 Gary Eunson / p. 212 Mark Alexander Photography / p. 213 jvoisey – iStock / pp. 214-217 Kevin Diss photography www.kevindiss.com / p. 218 Cabro Aviation/CC BY-SA 4.0. / p. 219 Dale Kelly – Shutterstock / pp. 220-221 Joe Huntly / p. 222 Bell-Davey Photography - Shutterstock / p. 223 Alex Cimbal – Shutterstock / p. 224 TravellingFatman – Shutterstock / p. 225 fotofritz16 – iStock / p. 226 Mike Annese – iStock / pp. 227-229 Gary Lisbon / pp. 230-231 Image Supply – Shutterstock / p. 232 apartment – Shutterstock / p. 233 Cortesía de Nullarbor Links / p. 234 Osprey Creative – Shutterstock / p. 235 Cortesía de the Royal Adelaide Golf Club / p. 236 Kye G – Shutterstock / p. 237 Cortesía de Joondalup Resort / pp. 238-241 Cortesía de Cape Kidnappers / p. 242 Airswing Media / p. 243 Lukas Bischoff – iStock / pp. 244-247 Cortesía de Kauri Cliffs & Jacob Sjoman / p. 248 SouthernLight – iStock / pp. 249-251 Cortesía de Paraparaumu Beach Golf Club / p. 252 raksybH – iStock / p. 253 RaksyBH – Shutterstock

cincotintas

La edición original de esta obra ha sido publicada en Países Bajos en 2022 por Uitgeverij Lannoo nv, con el título

150 Golf Courses You Need To Visit Before You Die

Traducción de inglés: Antón Corriente Basús
Control de producción: deleatur, s.l.

Av. Diagonal, 402 – 08037 Barcelona
www.cincotintas.com
@editorial_cincotintas

Primera edición: septiembre de 2024

Impreso en Italia
Depósito legal: B 12420-2024
Código Thema: SFH
Materia: Golf

ISBN 978-84-19043-46-7

MIXTO
Papel | Apoyando la
silvicultura responsable
FSC® C018236
FSC
www.fsc.org